KOBLENZ
Mosel
Thurant
Ehrenburg
Oppenhausen
Schöneck
Maria Engelport
Beilstein
Rhein
VORDER HUNSRÜCK
Karbach
Balduinseck
Blankenrath
A 61
Rheinböllen
Simmern
Simmerbach
IDAR WALD
Rhaunen
LÜTZEL SOON
Bundenbach
Wildburg
SOONWALD
Sooneck
Stromberg
Hahnenbach
Dhaun
Berschwlr.
Sponheim
Nahe
Bad Kreuznach
Rheingrafenstein

IM LAND DES SCHINDERHANNES

Kurt Bach

Im Land des Schinderhannes

Sagen, Legenden und Geschichten
aus dem Hunsrück

Illustrationen von Jan Negelen

Spee-Verlag

CIP-Titelaufnahme der Deutschen Bibliothek:

Im Land des Schinderhannes: Sagen, Legenden und Geschichten aus dem Hunsrück / Kurt Bach. Ill. von Jan Negelen. — Trier: Spee-Verl., 1989
ISBN 3-87760-121-9
NE: Bach, Kurt (Hrsg.)

Umschlag: Jan Negelen
Gesamtherstellung: Paulinus-Druckerei GmbH, Trier
ISBN 3-87760-121-9

Inhalt

Vorwort

An den „Maijabenden“ saßen unsere Vorfahren in der engen, verrauchten Stube, die spärlich von einer Petroleumfunzel beleuchtet war, die Frauen an den Spinnrädern oder beim Stricken, die Männer beim Korbflechten oder Besenbinden. An jenen Winterabenden herrschte die rechte Atmosphäre für das Erzählen von Sagen, Legenden, Geister- und Gruselgeschichten. Hier wurden die „Geschichten“ mündlich weitergegeben, breit ausgeschmückt oder knapp und sachlich.

„Mein Vater hat schon erzählt“, so begannen die meisten Geschichten, und damit war ein Bürge für die Echtheit der Erzählung aufgerufen. Viele der überlieferten Sagen sind an bestimmte Orte gebunden, manche wurden an einen anderen Ort oder in eine andere Zeit verlegt und den neuen Gegebenheiten angepaßt. Wandersagen dieser Art gibt es viele. Allein im nördlichen Saarland und im Hochwald erzählt man sich an 18 verschiedenen Orten die Sage von dem Hahn, der im Morgengrauen die Deichsel einer goldenen Kutsche freischarren kann, wenn er nur die rechte Stelle findet.

Seit den Brüdern Grimm wurden Volkssagen gesammelt und aufgeschrieben, so wie sie von Generation zu Generation weitererzählt wurden. Viele Sagensammlungen gibt es seitdem, Sammlungen aus allen Landschaftsräumen Deutschlands.

Die vorliegende Sammlung ist der Versuch, die Sagenwelt des Hunsrücks, so wie er als geographische Einheit zwischen Mosel, Saar, Nahe und Rhein zu verstehen ist, einzufangen und zusammengefaßt darzustellen, wobei allerdings keine Vollständigkeit beansprucht werden kann. Gewählt wurde eine Einteilung nach geographischen Gesichtspunkten, obwohl für manche Sagen keine eindeutige räumliche Zuordnung möglich ist. Auch einige schalk- und anekdotenhafte Geschichten sind in die Sammlung eingegangen, Geschichten, die nicht zur Sagenwelt, aber zu den Menschen im Hunsrück gehören. Im Mittelpunkt solcher Schwänke mit oft locker geknüpfter Handlung und mit typenhaften Charakteren stehen normalerweise lustige Begebenheiten und komische Situationen. Schließlich enthält das Buch auch Legenden, zumeist nach Art geistlicher Volkssagen.

Die in diesem Buche gesammelten Geschichten sind alten Kalendern, Jahrbüchern, Zeitungsbeilagen, Archiven und Sagenbüchern entnommen. Zahlreiche Sagen tauchen von Zeit zu Zeit immer wieder bei verschiedenen Autoren auf. In solchen Fällen wurde jeweils die älteste Fassung zugrunde gelegt. Die Texte wurden in eine moderne Sprachform gebracht. Nur die Sage von den Prosterather Wacken, die Stefan Andres in seinem Buch „Der Knabe im Brunnen" erzählt, ist wörtlich übernommen. Einige bisher unveröffentlichte Sagen oder Legenden stammen aus Schulchroniken oder wurden nach dem Volksmund erstmals in diesem Buch schriftlich festgehalten.

Die vorliegende Sammlung ist über einige Jahre gewachsen. Ich habe viele hilfsbereite Menschen auf dem Hunsrück kennen- und schätzengelernt, Menschen, die ihre Heimat lieben und die Vergangenheit erforschen wollen, Menschen aus allen Berufsschichten. Ihnen allen, die mir wertvolle Informationen, Hinweise und Anregungen gegeben haben, sei an dieser Stelle ganz herzlich gedankt. Ohne die verständnisvolle Offenheit und die große Hilfsbereitschaft vieler Hunsrücker wäre dieses Buch nicht zustande gekommen.

Vielleicht kann das Buch dazu beitragen, den Hunsrück, die Menschen auf diesem rauhen Höhenzug und ihre Mentalität kennenzulernen und zu verstehen. Vielleicht kann es dazu anregen, den „Ort der Handlung“ im Hunsrück einmal aufzusuchen, vielleicht kann es den Leser von der Schönheit des Hunsrücks überzeugen.

Kurt Bach

Auf den Höhen des Hochwaldes

Sankt Wendelinus

Wendelin war der Sohn eines Königs aus Schottland und sollte nach dessen Tod den Thron erben. Doch der fromme Wendelin verließ heimlich seine Heimat, fuhr über das Meer und kam in die Gegend des nördlichen Saarlandes. Auf einem Hügel baute er sich eine schlichte Hütte, ließ sich als Einsiedler nieder und diente Gott in tiefer Demut.

Es war um das Jahr 575, als der ärmlich gekleidete Wendelin in Trier von Tür zu Tür ging und um Brot bettelte. Der junge Mann verriet aber durch seine Haltung, daß er nicht immer das Leben eines Bettlers geführt hatte. Nun war er auf einer Wallfahrt zu den Heiligtümern der Bischofsstadt. Er lebte von Almosen, die er von guten Menschen erhielt.

Ein Edelmann, den er auch um eine Gabe bat, fuhr ihn hart an und sprach: „Warum gehst du betteln? Du bist doch ein kräftiger Bursche, der von seiner Hände Arbeit leben kann! Komm auf mein Gut und hüte meine Herden, dann hast du auch zu essen!"

Aus diesen Worten glaubte Wendelin, die Stimme Gottes zu hören und nahm die Stelle als Hirte an. Mit großer Liebe hütete er die Schafe des Edelmannes, und Gottes Segen ruhte auf seiner Arbeit. Die Tiere blieben von Krankheiten verschont, kein Wolf würgte ihm ein Lämmchen, und seine Herde vermehrte sich wie nie zuvor. Mit der Zeit gewann er die Gunst seines Herrn. Aber andere Hirten wurden neidisch auf ihn.

Oft dachte Wendelin an seine einsame Klause, die ihm zur zweiten Heimat geworden war. Hier in der Einsamkeit konnte er ungestört in Andacht beten. Als er nun eines Tages, völlig in Gedanken versunken, seiner Herde folgte, fand er sich plötzlich vor seiner Hütte, weit ab vom Hofe seines Herrn. Er freute sich sehr, besserte seine Unterkunft aus und versank dankbar in ein stilles Gebet. Nun trieb er die Herde wieder heimwärts, und siehe da, noch vor Sonnenuntergang standen die Schafe wieder daheim an der Tränke. Von nun an erlebte Wendelin Tag für Tag dieses Wunder. Während die Schafe friedlich weideten, lag er auf den Knien in seiner Klause und betete.

Am Weideort aber fehlte es an Wasser für die Tiere. Da betete Wendelin, stieß seinen Stab in die Erde, und schon entsprang ihr ein Quell, der heute noch fließt. Sankt Wendels Brunnen heißt er.

Einmal saß Wendelin an der Quelle und hatte seinen Hirtenstab in die Erde gesteckt. Plötzlich fing der Stock an zu grünen und wuchs in kurzer Zeit zu einem herrlichen Baum.

Nun geschah es, daß der Gutsherr den Hirten Wendelin mit seiner Herde zufällig in der Nähe seiner Klause traf, weit ab von den Weideplätzen seines Hofes. Zornig ritt der Edelmann auf ihn zu und schrie ihn an: „Was suchst du hier, weit von meinem Gut entfernt? Wann willst du denn wieder heimkommen? Ich habe heute abend Gäste und brauche einen fetten Hammel!“

Ruhig erwiderte der fromme Wendelin: „Herr, werdet nicht zornig und seid ohne Sorge! Ehe Ihr zu Hause seid, sind die Schafe in ihrem Stall.“

Verärgert drehte der Edelmann sich um, gab dem Pferd heftiger als sonst die Sporen und kam nach scharfem Ritt zu seinem Gut. Doch als er durchs Tor kam, da staunte er und wollte es einfach nicht glauben. Vor ihm drängten sich blökend die Schafe um den Brunnen, und Wendelin stand seelenruhig unter ihnen.

Erschrocken dachte der Ritter: „Wendel ist kein einfacher Knecht, er ist ein begnadeter Diener Gottes!“ Er ging auf ihn zu und sprach ihn an: „Lieber Wendel, verzeih mir, daß ich so hart zu dir war. Ich bin nicht würdig, daß du mein Knecht bist. Ich kann dich nicht mehr in meinen Diensten behalten. Doch sage mir, was soll ich tun?“

„Wenn Ihr mir einen Wunsch erfüllen wollt, dann laßt ab von Eurem gottlosen Leben“, bat Wendelin. Der Gutsherr versprach es und lebte in Zukunft als gläubiger Christ.

Wendel zog wieder in seine geliebte Wildnis. Doch hier konnte er nicht mehr so zurückgezogen und still leben wie in früheren Zeiten. Die Leute in der Umgebung hielten ihn für einen Wundertäter und suchten bei ihm Heilung von Krankheiten und Gebrechen an Mensch und Tier.

Zu dieser Zeit wurde überall im Trierer Land das Vieh von einer schlimmen Seuche befallen. Die Bauern brachten die kranken Tiere zu Wendelin, er legte ihnen die Hände auf, und sie wurden gesund. Tag für Tag ging nun Wendelin in die Ställe und auf die Viehtriften und segnete das kranke Vieh. Bald war die Seuche gebannt.

In jenen Tagen starb der Abt des nahen Klosters Tholey. Unter den Mönchen entstand ein heftiger Streit über die Wahl des Nachfolgers. Sie konnten sich nicht einigen. Während der frühen Gebetsstunde in der Klosterkirche hörten sie plötzlich eine klare Stimme: „Wählt den frommen Schafhirten Wendelin!“ Sofort folgten die Brüder dem göttlichen Rat und wählten Wendelin zu ihrem Abt. Sie gingen zu ihm und trugen ihm die hohe Würde an.

Doch der demütige Klausner lehnte ab, denn er wollte nicht über andere gebieten. Als sie ihm aber von der Stimme Gottes erzählten, da gab er nach und nahm das Amt an.

Lange Jahre verwaltete Wendelin das hohe Amt bescheiden und mit großem Eifer. Als er sein Ende nahen fühlte, schickte er zwei Mönche nach Trier zum heiligen Bischof Severin und ließ ihn bitten, ihm die Sterbesakramente zu spenden. Der Bischof kam sofort nach Tholey. Als er dem Sterbenden die Sakramente reichte, erlebten die Umstehenden eine wunderbare Erscheinung. Zwei strahlende Engel schwebten vom Himmel herab, breiteten ein schneeweißes Tuch über das Lager des Heiligen und setzten drei goldene Kronen darauf. Jetzt erst bekannte Wendelin seine hohe Herkunft. Sodann starb er.

Die Mönche begruben ihn vor dem Altar der Klosterkirche. Als sie am nächsten Morgen zur Messe kamen, war das Grab offen, und der Sarg stand daneben. Nun erkannten sie, daß der Heilige eine andere Ruhestätte wünschte. Sie stellten den Sarg auf einen Wagen und spannten zwei ungelernte Ochsen davor. Das Gespann zog den Wagen zum Hügel hinauf, auf dem Sankt Wendelin in seiner Klause so oft gebetet hatte. Hier begruben sie ihn und bauten über dem Grab eine Kirche.

Pilger von nah und fern kamen und suchten Hilfe und Trost in ihren Nöten und Krankheiten bei dem heiligen Wendelin, dem Schutzpatron der Hirten und dem Beschützer des Viehs. Viele Wunder sollen an seinem Grabe geschehen sein. Im Laufe der Zeit siedelten sich viele Menschen hier an, und so entstand die Stadt, die seinen Namen trägt.

DER TEUFELSSTEIN

In einem Hochwalddorf lebte einst ein starker Schmied, der in der ganzen Umgebung bekannt war. Mit Leichtigkeit hob er den Amboß vom Boden, schwang mit einer Hand den schwersten Zuschlaghammer oder beschlug allein das widerspenstigste Pferd. Er war wirklich ein roher Geselle, doch auch ein tiefgläubiger Mensch.

Eines Tages arbeitete er in seiner Schmiede; er fertigte Hufeisen. Nacheinander zersprangen ihm zwei. Er nahm das dritte zur Hand und sagte barsch: „Wenn auch dieses zerspringt, dann soll mich der Teufel holen!“ Ärgerlich schlug er auf den Rohling ein, daß die Funken nur so stoben.

Da zersprang das Eisen in zwei Teile, und schon stand der Teufel neben ihm. „Folge mir! Du hast mich gerufen! Hier bin ich!“ sagte er. Der Schmied fuhr zusammen. Damit hatte er nicht gerechnet. Aber nach dem ersten Schreck fing der biedere Mann sich schnell wieder und sagte: „Ich will dir folgen, aber vorher mußt du mir deine Macht zeigen.“ Für die kommende Nacht vereinbarten sie ein Treffen im Wald.

Der Schmied nahm den schwersten Zuschlaghammer, ging zur festgelegten Stunde an den Treffpunkt und wartete hinter einem Baum auf den Leibhaftigen. Er hatte sich eine schwere Aufgabe ausgedacht. „Du sollst um Mitternacht“, sagte er, „alle Marksteine des Trierer Landes hier zusammentragen und in einer Stunde wieder jeden einzelnen an seinen rechten Platz schaffen.“ Der Teufel pfiff, und von überallher kamen die schwarzen Helfershelfer herbei, fragten nach dem Begehr des Meisters und verschwanden an die Arbeit. In kurzer Zeit schon türmten sich die Marksteine zu einem riesigen Berg.

Ein Stein, in dem ein Kreuzzeichen eingemeißelt war, lag etwas abseits. Mit schnellen, kräftigen Schlägen zertrümmerte ihn der Schmied in tausend Stücke, sammelte die meisten Teile ein und streute sie in den nahen Bach. Kaum eine Stunde später meldete der Teufel: „Alles ist wunschgemäß erledigt. Die Arbeit ist getan, nun folge mir!“ Aber ganz ruhig antwortete der Schmied: „Nein, ein Stein fehlt! Schaff ihn herbei, sonst hast du deine Aufgabe nicht erfüllt!“

Tatsächlich, ein Stein fehlte! Das Teufelsvolk konnte nach langem Suchen nur wenige Splitter von ihm entdecken. Als der Teufel nun merkte, daß er hereingelegt worden war, gab er dem Teufelspack einen Wink, und es drang auf den Schmied ein, um ihn zu vernichten. Nun war der starke Mann in seinem Element. Gewaltig schwang er den Hammer und schlug so kräftig zu, daß bald auch das letzte Teufelchen hinter einem nahen Felsen verschwunden war. Noch heute heißt dieser Felsen im Volksmund der Teufelsstein.

Der geizige Römer

In früherer Zeit wohnte auf dem Judenkopf bei Greimerath ein sehr reicher Römer. Er betrieb eine Erzgrube und eine Eisenschmelze, besaß weite Ländereien und war Herr über viele Arbeiter. Aber seine Untergebenen haßten und fürchteten ihn wegen seines Geizes und seines Jähzorns. Selbst gegen den eigenen Sohn war er ungerecht und grausam.

Als er einst erfuhr, daß der Sohn nicht mehr den heidnischen Göttern opfern wollte und sich öffentlich zu dem neuen Christengott bekannte, gab er ihm sein Erbteil und jagte ihn mit Schimpf und Schande aus dem Haus. Der junge Mann ließ sich als Einsiedler in einer versteckten Höhle im Wald nieder.

Kaum war der Sohn aus dem Hause, da reute den Vater der Verlust des Geldes; er trieb seine Leute zu noch härterer Arbeit an, kürzte aber gleichzeitig ihren Lohn, so daß einige von ihnen verhungerten. Als ihn eines Tages ein Arbeiter um höheren Lohn bat, schlug er ihn wütend mit einem Knüppel und hetzte ihm seine halbwilde Hundemeute nach.

Der Sohn erfuhr von den Ungerechtigkeiten und Grausamkeiten seines Vaters, und er trat vor ihn hin, um ihn zu einem besseren Leben zu bewegen. Als er dabei den Christengott erwähnte, erkannte der Vater seinen Sohn und geriet so sehr außer sich, daß er ihn verfluchte und von seinen Hunden bis tief in den Wald verfolgen ließ.

Wenige Tage nach diesem Vorfall ging der reiche Römer in seinen wildreichen Wäldern auf die Jagd. Er verfolgte ein Tier, kam vom Weg ab und stieß so durch Zufall auf die Höhle eines Einsiedlers. Doch niemand war zu sehen. Es war die Unterkunft seines

Sohnes, der unterwegs war, um sich in einem Dorf an der Saar Salz zu besorgen. Der Verirrte trat ein, durchstöberte die Behausung und fand in einer Ecke die Goldkiste, die er seinem Sohn als Erbe übergeben hatte. Voller Freude lud er seinem Pferd die Kiste auf, lachte genüßlich über die Unvorsichtigkeit seines Sohnes und machte sich bester Laune auf den Weg nach Hause.

Schon kamen ihm seine Knechte entgegen und berichteten aufgeregt, daß eine Räuberbande sie überfallen habe und in die herrschaftliche Villa eingedrungen sei. Aber der Herr blieb völlig ungerührt, hatten die Götter ihm doch das verloren geglaubte Erbteil seines Sohnes zurückgegeben. Was konnte da eine Handvoll Räuber ihm anhaben?

Ohne auf die Warnungen seiner Diener zu hören, trat er, mit dem Schwert bewaffnet, in sein Haus ein. Die Räuber hatten ihn erwartet, stürmten auf ihn ein und töteten ihn. Schnell rafften sie die Schätze des Erschlagenen zusammen. Sie wollten gerade die Villa verlassen, als ein greller Blitz einschlug und ein mächtiger Donner dröhnte. Die Erde bebte, sie öffnete sich und verschlang Hab und Gut des geizigen Römers.

Am nächsten Morgen kam der Sohn, um den Vater noch einmal zu einer besseren Lebensführung zu überreden. Aber er fand von dem elterlichen Gut nichts mehr. Nicht das geringste Zeichen erinnerte daran, daß hier eine Villa gestanden hatte. Einige Diener, die nicht in den Wald geflüchtet waren, berichteten vom schrecklichen Ende des reichen Römers.

Die silberne Glocke im Braunen Bruch

Zahlreiche Sagen von Glocken sind im Volksmund verbreitet. In manch einer stillen Kirche, so sagt man, hing früher eine silberne Glocke, die in Kriegswirren verloren ging oder von der ängstlichen Bevölkerung vorsorglich so gut versteckt wurde, daß später niemand mehr genau wußte, wo die wertvolle Glocke wiederzufinden war.

In Schillingen, so weiß der Chronist zu berichten, hing tatsächlich einmal eine silberne Glocke, eine Glocke von 186 Pfund reinem Silber. Sie wurde von den beiden Domherren Graf Robert von Oberstein und Gerhard von Saarbrücken zum Dank für eine wundersame Rettung während einer Jagd im Schillinger Wald gestiftet. Um diese silberne Glocke rankt sich folgende Sage:

Der Dreißigjährige Krieg mit all seinen Schrecknissen hatte auch die stillen Täler des Hochwaldes nicht verschont. Besonders in seiner letzten Phase, im schwedisch-französischen Krieg, hatte die Hochwaldbevölkerung sehr zu leiden. Vor den sengenden und plündernden Kriegshorden suchte sie in den dichten, fast unzugänglichen Wäldern Zuflucht.

Die Schillinger hatten das Wenige, das die Kriegszeiten ihnen noch belassen hatten, in ihr bewährtes Versteck im heutigen „Keller Gebrüch“ nördlich der „Alten Trierer Straße“ in Sicherheit gebracht. Bei der überhasteten Flucht hatte man vergessen, die Glocken vom Turm zu holen. Aber wenigstens die silberne Glocke wollte man in Sicherheit wissen. Rasch entschlossen eilten einige junge Leute zurück, holten die Glocke vom Turm und wollten sie an einer leicht zugänglichen Stelle im „Braunen Bruch“ verbergen. Unbemerkt gelangten sie mit der geborgenen Glocke aus dem Dorf, erreichten schon die vereinbarte Stelle, als sie plötzlich von einer Schar schwedischer Reiter umringt wurden. Ohne lange zu überlegen, versenkten die Burschen die Glocke im Sumpf und suchten ihr Heil in der Flucht. Doch umsonst! Keiner erreichte lebend die Seinen.

So weiß heute niemand genau den Ort, an dem die silberne Glocke liegt. Nur „Sonntagskinder“ sollen sie zuweilen im „Braunen Bruch“ läuten hören. Heimlich hat aber schon mancher Dorfbewohner nach ihr gesucht, leider vergeblich.

SAGENHAFTES VON DER GRIMBURG

Eine der festesten Burgen im Hochwald war die kurfürstliche Landesburg Grimburg; sie soll auch sehr gefürchtet gewesen sein. Nach dem Volksglauben habe diese Burg über lange Zeit auch den Raubrittern als sicheres Nest gedient.

Die Raubritter hatten in den umliegenden Dörfern und auf den wichtigsten Handelsstraßen ihre Späher sitzen, die die reisenden Kaufzüge beobachteten. In Handelskreisen hatte sich noch bis zu Beginn des vorigen Jahrhunderts der Spruch vererbt:

Wer glücklich nach Trier will reisen,
muß Steinberg, Zerf und Greimerath meiden.

Diese Straßen gehörten zum sogenannten Einzugsbereich der Raubritter. Wie die meisten Raubritter, so hat auch den letzten von der Grimburg der Teufel persönlich geholt, wenigstens nach dem Glauben der Hochwälder. Auch die geraubten Schätze der Grimburger hütet der Leibhaftige. Tief in einem Ziehbrunnen liegen sie, Kisten voll Gold und Silber, und keine Macht der Erde vermag sie zu heben. Eine riesengroße Tigerkatze bewacht unten die Schätze. Sobald jemand versucht, an einer Kette in den siebzig Meter tiefen Brunnen hinabzuhangeln, faucht und kratzt das Wildtier und vertreibt jeden Eindringling mit furchtbarem Gebrüll.

Bis vor hundert Jahren gab es niemanden, der auch nur eine einzige Nacht lebend in den Ruinen der Grimburg verbringen konnte. Es soll da eine wilde Gesellschaft mit Totenschädeln und Gebeinen Kegel gespielt haben. Die Fußböden gerieten in Bewegung und preßten sich gegen das Gewölbe der

Burg und zerquetschten jeden, der den Boden der Grimburg unter sich hatte. Wirklich, ein fürchterlicher Ort des Grauens.

Von Zeit zu Zeit zeigte sich auf der Burg auch eine weiße Frau. Wer ihr begegnete, wurde von einer bösen Krankheit befallen, oder es traf ihn ein anderes Unglück. Sie brachte aber auch einmal ein armes Waisenkind, das verstoßen umherirrte, zu guten Leuten, die es wie ihr eigenes Kind aufnahmen. Die weiße Frau ist also nicht nur ein böser Geist wie der schwarze Mann, der die ganze Gegend rund um die Grimburg verunsichert.

Der schwarze Ritter

Es war im Sommer des Jahres 1522. Franz von Sikkingen, Reichsritter von Landstuhl, eröffnete mit gleichgesinnten Rittern seinen „Heerzug für Christi Ehre gegen die Feinde der evangelischen Wahrheit". Der Trierer Kurfürst Richard von Greiffenklau (1511-1531) war einer seiner erklärten Feinde, in dessen Herrschaftsbereich er einbrach.

Er hatte St. Wendel eingenommen und zog gleich in Richtung Trier weiter. Wie ein Sturmwind brach er ins Wadrilltal ein und stand mit seinen Mannen vor der Grimburg, die den schnellen Vormarsch vorerst stoppte. Hoch auf der Spitze der Bergnase zwischen Wadrillbach und Mühlenbach lag die starke Landesburg des Trierer Kurfürsten. Sie einfach links liegen zu lassen und weiter nach Trier zu ziehen, schien dem kriegerischen Rittersmann nicht gerade ratsam, andererseits konnte die Hochwaldfeste mit ihren mächtigen Mauern wohl längere Zeit erheblichen Widerstand leisten. Die Zeit aber war dem Landstuhler knapp bemessen, denn der Kurfürst bereitete sich bereits auf seinen Empfang vor den Toren der Stadt vor.

Während Sickingen noch überlegte, was in diesem Falle angebracht wäre, meldete sich bei ihm ein „Ritter im schwarzen Harnisch", ein wahrer Hüne an Gestalt. Der „schwarze Ritter", wie man ihn allgemein nannte, stand einst in den Diensten des Kurfürsten, doch war er im Zwist von ihm geschieden und bot nun dessen Feind seine Dienste an.

Aus früheren Zeiten kannte er die Grimburg sehr genau, wußte, wie stark die Besatzung war und wie lange die Vorräte bei einer Belagerung reichten. Der „schwarze Ritter" schlug Sickingen vor, durch

List sei eine schnellere Einnahme möglich als durch eine zeitraubende Belagerung.

„Hinter den starken Mauern der Burg wohnt ein Fräulein, das mir in Liebe zugetan ist; mit ihrer Hilfe werden wir die Feste einnehmen“, meinte der „schwarze Ritter“. Franz von Sickingen war mit diesem Plan einverstanden.

Mit Hilfe eines unzufriedenen Bauern aus der Hermeskeiler Gegend, der gegen klingenden Lohn die Botendienste übernahm, gelang es dem „schwarzen Ritter“, Verbindung zu seiner Liebsten aufzunehmen und sie für seinen Plan zu gewinnen. Das Edelfräulein schloß dem Ritter heimlich eine kleine Pforte in der Wallmauer auf, und ein kampfkräftiger Trupp Landstuhler Knechte drang in die Grimburg ein, entwaffnete die überraschten Wachen und öffnete das Burgtor. In kurzer Zeit war Franz von Sickingen Herr der Grimburg.

Sickingen hielt die Burg besetzt, zerstörte sie aber nicht. Die anschließende Belagerung Triers aber scheiterte, und im Frühjahr 1523 endete der Rachefeldzug der Gegner mit dem Tode Sickingens auf seiner Burg Landstuhl.

Der „schwarze Ritter“ aber wurde auch nach seinem Tode noch oft um die Grimburg herum gesehen. Zu bestimmten Zeiten streift er nachts durch die Ruinen und sucht die kleine Pforte, um sein Edelfräulein zu finden. Im Volksmund nennt man ihn den „schwarzen Mann“.

DER POSTILLION DES KURFÜRSTEN

Der Postillion des Trierer Kurfürsten Franz Georg von Schönborn (1729-1756) war unterwegs zur Grimburg. Auf seiner Wanderung durch die dichten Waldungen des Hochwaldes legte er kurz vor seinem Ziel eine Rast ein. Kaum hatte er sich an einem bemoosten Plätzchen ausgestreckt, als das Schmettern eines Jagdhornes erklang und ihn aufschreckte. Halb aufgerichtet lauschte er in die Stille des Waldes hinein, da hörte er auch schon entferntes Pferdegetrappel. „Das wird der Kurfürst sein, der hier auf Eberjagd geht! Das Schauspiel will ich mir nicht entgehen lassen!“ rief er aus, sprang auf und lief dem Lärm entgegen.

Nach wenigen Schritten jedoch drangen fremde Stimmen an sein Ohr, Stimmen in einer fremden Sprache, die hier nicht geläufig war. „So spricht man doch in der Gegend von Saarlouis und westwärts, so spricht man im Lande des Franzosenkönigs!“ stellte er fest. Ein Glück, er verstand sie. Vorsichtig schlich er näher, spähte nach den Fremden — und tatsächlich, da sah er sie, die Husaren des Königs von Frankreich! Unbemerkt konnte er noch näher heranktriechen, sie belauschen und ihre Unterhaltung mithören. „Diese hinterhältigen Franzmänner! Sie wollen den Kurfürsten auf der Jagd meuchlings überfallen und dem König als Gefangenen ausliefern! Doch ihr habt die Rechnung ohne den Wirt gemacht!“ erzürnte sich der getreue Diener.

Behend wie eine Katze schlich der Postillion durch die Dickung, erreichte unbemerkt den Weg zur Grimburg und traf dort den Kurfürsten, der gerade in kleiner Begleitung zur Jagd aufbrechen wollte. Ergebenst schilderte er die drohende Gefahr. Erst hier erfuhr der treue Mann die politischen Zusammenhänge. Der König von Frankreich war offensichtlich über ein Fehdeschreiben des Kurfürsten so sehr erbost, daß er seine Häscher ausgesandt hatte, um ihn zu überfallen.

Franz Georg sammelte eiligst seine Getreuen um sich und sprengte mit seinem kleinen Troß nach Koblenz in die sichere Festung, wo ihm die hinterhältigen Nachstellungen des Franzosenkönigs nichts anhaben konnten.

Zum Dank und als Lohn für die bewiesene Treue durfte der wackere Postillion jedesmal, wenn er nach Koblenz kam, beim Kurfürsten essen und trinken, was Küche und Keller boten.

Die weisse Frau von Dagstuhl

Auf einem kleinen Bergrücken bei Wadern, im Tal der Prims, erinnern Ruinen an die alte Burganlage Dagstuhl, die um 1270 erbaut worden war. 1763 ließ Josef Anton von Ottingen, der Erbe der zerfallenen Burg, am Fuße des Burgberges das heutige Schloß Dagstuhl errichten. Nicht weit vom alten Bergfried liegen die Trümmer der ehemaligen Schwarzenburg.

Auf Burg Dagstuhl lebte einst die schöne Gräfin Sidonie. Sie liebte den jungen Ritter Heinrich von Eichenstein, der sie ebenfalls innig verehrte. Doch die Liebe der beiden zueinander gefiel dem Vater des Mädchens nicht. Er hatte mit seiner Tochter andere Pläne.

Ritter Rab von Schwarzenburg, äußerst wohlhabend, aber ein rauher und gewalttätiger Geselle, warb ebenfalls um die Hand der lieblichen Sidonie. Kurz, aber höflich wies sie den Freier ab. Darüber war der Vater sehr erzürnt und hielt seiner Tochter vor: „Rab von Schwarzenburg ist ein angesehener und reicher Rittersmann, den du nicht ungestraft abweisen kannst! Er wäre mir als Schwiegersohn herzlich willkommen!"

„Ich liebe diesen rohen Menschen nicht, ich liebe Ritter Heinrich von Eichenstein, und das wißt Ihr genau!" rief Sidonie leidenschaftlich, „ich werde nie einen anderen Mann lieben!"

Es wurde zum Kreuzzug aufgerufen. Ritter Heinrich von Eichenstein nahm das Kreuz und zog mit den Kreuzfahrern ins Heilige Land. Bitter war der Abschied der Liebenden. Ewige Treue schworen sie sich, und Heinrich tröstete Sidonie: „Habe keine Angst, ich komme zurück, selbst als Geist werde ich dich beschützen, sollte ich im Kampf gegen die Heiden den Tod finden!"

Lange Zeit kam keine Nachricht von Heinrich. Der Vater bedrängte nun seine Tochter immer nachdrücklicher, Rab von Schwarzenburg zum Manne zu nehmen, doch Sidonie blieb standhaft und weigerte sich.

Eines Tages traf ein Bote auf Dagstuhl ein und wollte gleich zur Herrin geführt werden. „Ich habe eine schlimme Nachricht für Euch, edle Herrin. Mein Herr, Ritter von Eichenstein, ist im Heiligen Land in tapferem Kampf gefallen. Mit Eurem Namen auf den Lippen starb er."

Unsagbar groß war der Schmerz der liebenden Frau. Tagelang schloß sie sich in ihrer Kammer ein, verweigerte Speise und Trank und wollte mit niemandem sprechen.

Doch der unbarmherzige Vater zwang Sidonie, Rab von Schwarzenburg zu heiraten. Schon nach kurzer Zeit wurde die Hochzeit angesetzt. Eine fröhliche Gesellschaft traf sich an der festlichen Tafel, nur die Braut war auffallend still und in sich gekehrt.

Bis in die Nacht kreisten feuchtfröhlich die Humpen, weinselig grölten die rauhen Ritter und Knappen, als plötzlich die große Tür des Rittersaales unwirsch aufgestoßen wurde. Ein unbekannter Ritter in voller Rüstung trat ein, blieb in der Öffnung stumm und furchterregend stehen. Mäuschenstill wurde es. Niemand wagte es, auch nur ein Wort zu sprechen.

Erschrocken fuhr Sidonie hoch! Diesen Gang, diese Bewegungen und die Augen, die aus dem schmalen Schlitz des Visiers leuchteten, die kannte sie! Es mußte Heinrich sein, ihr Geliebter, dem sie

ewige Treue gelobt hatte. Angst stieg in ihr auf, sie ahnte Unheil.

Schon schritt Ritter Heinrich auf Rab von Schwarzenburg zu und durchbohrte ihn, noch bevor irgend jemand eingreifen konnte. Lautlos wie er gekommen war, verschwand er.

Sidonie sank gebrochenen Herzens sterbend neben der Leiche zu Boden. Ihr Vater ertrug das Leid nicht, er stürzte sich vom Bergfried in die Tiefe.

Seit dieser Zeit wandelt nachts die schöne Sidonie am weißen Kreuz bei Dagstuhl als weiße Frau schweigend umher und wartet auf die Rückkehr des Geliebten, dem sie einst ewige Liebe geschworen. Weil sie ihr Versprechen brach, muß sie so lange durch die Nacht schreiten, bis der letzte Stein vom Bergfried auf Dagstuhl herabgefallen ist.

Die Raubritter auf dem Burgkopf

In der Nähe des Ortes Lorscheid liegt eine herausragende Erhebung, die allgemein Burgkopf heißt. Der Volksmund weiß zu erzählen, daß hier einst eine Ritterburg stand, von der eine alte Sage bekannt ist.

Die Bewohner dieser Ritterburg waren ehedem in der ganzen Gegend gefürchtet und verhaßt. Vom Ruwertal bis über die Höhen des Osburger Hochwaldes und ins Hermeskeiler Land hinein, von der Mosel bis zur Dhron verbreitete ihr Name Angst und Schrecken. Raubritter waren die Herren vom Burgkopf, Raubritter, die fahrende Kaufleute überfielen, ausplünderten und bei Widerstand niedermetzelten. Alle Straßen, die durch „ihr Gebiet" führten, beherrschten sie. Ihre Späher lauerten den durchziehenden Kaufleuten auf, meldeten eine „reiche Beute" den Burgherren, und schon zog eine schwerbewaffnete Ritterschar auf schnellen Rossen von der Burg herab. Aus dem Hinterhalt griffen die Räuber die Ahnungslosen an und forderten „Gut oder Blut". Zu geringe Beute bedeutete strenge Haft im Burgverlies und hohes Lösegeld von den Angehörigen.

Der Bischof von Trier, Fürst und Herr des Landes, erfuhr von dem schändlichen Treiben und den hinterhältigen Überfällen der Raubritter. Sofort sandte er eine Schar seiner Knechte aus, um die ehrlosen Ritter gefangen zu nehmen. Doch unverrichteter Dinge mußten sie heimkehren. Die Raubritter, rechtzeitig vor dem Vorhaben des Kurfürsten gewarnt, konnten mit List und Tücke ihre Verfolger abschütteln. Sie ließen ihren Pferden die Hufeisen bald richtig, bald umgekehrt aufschlagen. Verwirrt von den widersprüchlichen Spuren, gaben die Knechte des Bischofs die Verfolgung auf.

Erzürnt über den Mißerfolg sandte der Landesherr ein kleines Heer zum Burgkopf und ließ die Burg restlos schleifen. Doch die Raubritter erfuhren rechtzeitig vom Herannahen des bischöflichen Heeres, versenkten rasch ihre geraubten Schätze im tiefen Brunnen, verließen eiligst die Burg und verschwanden in den weiten Wäldern.

Von dem Raubritternest blieb kein Stein auf dem anderen, von den üblen Rittersleuten hat man nie mehr etwas gehört, und die Straßen zwischen Hochwald und Mosel waren wieder sicher geworden.

Schatzgräber auf dem Burgkopf

Viele Jahre waren nach der Zerstörung der Burg ins Land gegangen, und nur ein riesiger Steinhaufen erinnerte noch an das Raubritternest auf dem Burgkopf. Aber für die Bewohner der umliegenden Dörfer barg die Ruine unergründliche Geheimnisse und reiche Schätze.

Man wußte zu erzählen, daß die von den Rittern geraubte Beute im tiefen Burgbrunnen verschüttet sei. Aber geheimnisvolle Berggeister hüten den Schatz und geben ihn nicht frei. Wer es dennoch wagen sollte, den Schatz zu bergen, darf während der schweren Arbeit kein Sterbenswörtchen sprechen. Wehe dem, der dieses Gebot nicht halten kann! Die Berggeister nehmen furchtbare Rache!

Von Goldgier getrieben, wollten zwei Männer aus Lorscheid heimlich den Brunnen freilegen und den Schatz heben. Lange vor Sonnenaufgang eilten sie mit Hacke und Schaufel zum Burgkopf, begleitet von einem Hund, der ihnen rechtzeitig das Herannahen neugieriger Leute durch sein Bellen anzeigen sollte. Die Männer schworen sich in die Hand, das vereinbarte Schweigen unter keinen Umständen zu brechen.

Bald glaubten sie, an der rechten Stelle zu sein; sie gruben und schaufelten eifrig drauflos. Der Schweiß rann ihnen in dicken Tropfen von der Stirn, aber sie achteten nicht der Mühsal, sie kannten nur ein Ziel: den Schatz, der sie für ihre Arbeit reichlich entschädigen würde. Und tatsächlich, sie hatten den Schacht zum Brunnen freigelegt und wühlten sich noch eifriger in die Erde hinein. Doch plötzlich kam Leben in die frühe Morgenstille. Überrascht schauten die Schatzgräber sich an. Was war das? Von allen Seiten, bald hier, bald dort jauchzte, rief, klopfte und stöhnte es, hier raschelte es im Gras, dort kullerte ein Stein den Hang hinunter. Unheimlich wurde es rund um den Burgkopf. Ängstlich starrten die Männer sich an. Ihr Hund, der eben noch fröhlich im Wald herumtobte, suchte mit eingezogenem Schwanz die Nähe der Menschen, setzte sich ihnen zu Füßen und winselte.

Plötzlich fuhr er von einem nahen Geräusch hoch, die Rückenhaare gesträubt, suchte aufmerksam die Gegend ab und schlug kräftig an. Wütend bellte er, jaulte, bis sich seine Stimme überschlug, aber niemand war zu sehen. Jetzt wußten die Schatzgräber, die Berggeister sind erwacht, sie wollen die feindlichen Menschen verscheuchen! Aber die Männer gaben nicht so schnell auf, sie wußten, daß die Geister ihnen nichts anhaben konnten, solange sie schwiegen, und an dieses Gebot wollten sie sich um jeden Preis halten.

Ärgerlich über das aufgeregte Bellen des Hundes stieg einer der Männer etwas höher hinauf, um zu sehen, ob jemand aus dem Dorfe sich näherte. Nichts war zu sehen, nur das Bellen des Hundes war zu hören. Er wollte ihn beruhigen, streichelte ihm sanft über den Kopf, und da geschah es. „Ruhig! Sei brav!“ Unbeabsichtigt kamen die Worte über seine Lippen, unheilvolle Worte, die alles zerstörten.

Im gleichen Augenblick ging ein Freudenschrei durch den Wald, es gellte und hallte, jauchzte und schallte. Die Berggeister hatten nun Gewalt über die Schatzgräber erlangt, konnten sich nun an ihnen für ihre räuberische Absicht rächen und sie vertreiben. Die beiden Männer aus Lorscheid erkannten sofort, was geschehen war, ließen alles stehen und liegen und rannten weg.

Furchtbares müssen die beiden auf dem Wege nach Hause erlebt haben, denn wochenlang lagen sie verstört im Bett, waren nicht ansprechbar und erzählten auch später keiner Menschenseele davon. Der Schatz liegt immer noch im tiefen Burgbrunnen, bewacht von den unheimlichen Berggeistern.

Ein ungleicher Zweikampf

In den Dörfern rund um den Burgkopf war bekannt, daß hier unter den Ruinen der ehemaligen Burg reiche Schätze liegen mußten. Die Burgherren von einst waren jedoch verschwunden, also waren das Gelände und die vermuteten Reichtümer herrenlos und sehr begehrt. Nun meldeten die Lorscheider und die Feller gleichzeitig ihre Besitzansprüche an, grenzte der Burgkopf doch an der einen Seite an die Gemarkung Lorscheid, an der anderen an die Gemarkung Fell.

Die zunächst harmlos scheinende Auseinandersetzung um den Burgkopf mit dem überwucherten Gesteinshaufen nahm mit der Zeit recht heftige Formen an. Eine gütliche Regelung war nicht mehr möglich, es brach ein regelrechter Grenzstreit zwischen den Nachbarn aus, der von beiden Seiten erbittert ausgefochten wurde. Die einen holzten den anderen nachts ganze Waldstücke kahl, die anderen stahlen die Feldfrüchte, und keiner traute sich mehr, das Nachbardorf zu betreten.

Der unerträgliche Streit spitzte sich so zu, daß jeder einsah, daß es so nicht weitergehen konnte. Einige vernünftige Männer aus beiden Dörfern kamen zusammen. Um allen Streit und Zank aus der Welt zu schaffen und eine Entscheidung über den Besitz des Burgkopfes herbeizuführen, beschlossen sie, die strittige Frage durch einen Zweikampf zu klären. Aus jedem Dorf sollte ein Mann benannt werden, der dann in einem Ringkampf am Fuße des umstrittenen Burgkopfes um die Besitzansprüche kämpfen sollte. Dem Ort, der den Sieger stellte, sollte dann der Burgkopf als rechtmäßiger Besitz zufallen.

Nun bereiteten sich die Dörfer auf diesen Kampf vor. Die Lorscheider brauchten nicht lange zu überlegen und zu suchen, sie hatten den stärksten Mann der ganzen Umgebung, einen Mann, der überall gefürchtet war. Für sie stand es fest, der Zweikampf war für den starken Hannes nur eine Formsache.

Die Feller wußten, daß sie keinen gleichwertigen Gegner für den Lorscheider Hannes finden konnten. Niemand war bereit, mit ihm zu kämpfen. Da meldete sich schließlich ein Schneiderlein, ein zartes, dünnknochiges Männchen, das mit seinem Bügeleisen noch keinen Zentner auf die Waage brachte. Wahrhaftig kein Gegner für den bärenstarken Hannes.

Hoffnungslos und verärgert über die Zustimmung zu diesem ungleichen Zweikampf, zogen die Feller zum Burgkopf. Von der anderen Seite kamen die lautstarken Lorscheider heran, siegessicher mit ihrem Hannes in der Mitte. In gebührendem Abstand blieb die Begleitung stehen, die Kämpfer lösten sich aus der Schar heraus und schritten langsam aufeinander zu. Übermütig brach Hannes in schallendes Hohngelächter aus, als das kleine Schneiderlein keck heranhüpfte. Auf drei Schritte standen sie sich nun gegenüber, das ungleiche Paar, kampfbereit.

Ein Stoß ins Horn erklang, das Zeichen zum Beginn des Zweikampfes. Blitzschnell stürzte der Schneider nach vorne, unterlief die Riesenfäuste des Lorscheiders, warf sich dem Kraftprotz an die Beine und klammerte sich an ihnen fest. Hannes, unvorbereitet auf solch eine Attacke, geriet aus dem Gleichgewicht, kam ins Wanken und — plumps — lag er auf dem Rücken. Eine so schnelle Entscheidung hatte niemand erwartet, am wenigsten der kraftvolle Hannes.

Jubel bei den Fellern, die ihren Helden auf den Schultern nach Hause trugen, Niedergeschlagenheit und lange Gesichter bei den Lorscheidern. Aber der Zweikampf war beendet, der Streit entschieden, und der Burgkopf gehörte von nun an den Fellern.

GOLDFEUERCHEN

Im Höllenwald zwischen Herl und Lorscheid stößt man, wie so oft im Hochwald, auf einige bizarre Felspartien, in denen man eigenartig geformte Figuren und Gestalten zu erkennen glaubt. Der Volksmund sprach immer schon von geheimnisvollen Wesen, die er in den zerklüfteten Felsen erkannte.

Es war zu jener Zeit, als der Höllenwald kahl geschlagen war. Ein Bauersmann kam damals in dunkler Nacht von Herl auf dem Weg nach Lorscheid an jenem Kahlschlag vorbei. Ab und zu riß der Wind die schwere Wolkendecke auf, und der Mond warf ein fahles Licht auf die freie Fläche. Gespenstisch ragten die Felsen zwischen den nackten Baumstümpfen gegen den Himmel.

Der Mann blieb einen Augenblick stehen und betrachtete das eigenartige Bild, das die launenhafte Natur ihm bot. Er griff in die Tasche, holte Tabak und Pfeife heraus, stellte aber verärgert fest, daß er Zunder und Stahl vergessen hatte. „Na, auch gut", dachte er und wollte schnell nach Hause. Doch was war das? Brannte nicht dort oben neben dem Felsen ein kleines Feuer? Das kam ihm gerade sehr gelegen.

Hastig stieg er den Hang hinauf, um sich mit einer glühenden Kohle die Pfeife anzuzünden. Doch je näher er an das Feuer herankam, um so seltsamer erschien es ihm. Kein Rauch stieg hoch, keine Wärme war zu spüren. Das ist aber sehr sonderbar, dachte er, griff nach einer Kohle, legte sie auf die Pfeife, zog und zog, doch der Tabak wollte nicht brennen. Ärgerlich steckte er sein Rauchzeug in die Tasche und eilte nach Hause.

Das geheimnisvolle Feuer ging ihm aber nicht aus dem Sinn. „Ich werde mir bei Tageslicht die Sache ansehen“, sagte er sich auf dem Heimweg. Am nächsten Morgen zog er seine Pfeife aus der Tasche und war nicht schlecht erstaunt. Gold lag im Kolben, ein richtiges Klümpchen Gold! Nun gab es kein Halten mehr. Er rannte zum Höllenwald, suchte den Felsen, an dem er in der Nacht das seltsame Feuer zufällig entdeckt hatte und war enttäuscht. Ganz gewöhnliche Kohlen fand er, sonst nichts.

Aber das kleine Goldstück, das ihm geheimnisvolle Wesen der Nacht geschenkt hatten, brachte ihm Glück und wohl auch ein wenig Wohlstand.

DER TEUFEL AN DER MEISBRÜCK

Die Hochwaldbauern brachten früher im Herbst einen Teil ihrer Ernte, den sie verkaufen wollten, mit Pferdewagen nach Trier. Den Wagen hoch mit Kartoffelsäcken und „Kappes“ beladen, begann die oft erlebnisreiche Tagesreise in die Stadt schon früh im Morgengrauen und endete erst spät am Abend.

Bei einer solchen Fahrt kam einst ein Fuhrmann, der auf der alten Chaussee von Hermeskeil nach Trier unterwegs war, in arge Bedrängnis. Ein heruntergekommener Landstreicher stellte sich ihm in den Weg und verlangte, mitfahren zu dürfen. Nun war das Aussehen des seltsamen Fremden nicht gerade vertrauenerweckend, ja, der komische Kauz kam dem biederen Bauersmann recht verdächtig vor. Doch dieser wagte es nicht, die Bitte abzuschlagen, und hieß ihn hinten aufsitzen.

Als der Fuhrmann an der Meisbrück vorbeikam und den starken Anstieg zur Hohen Wurzel nehmen wollte, wurden die Pferde langsamer und langsamer, schließlich quälten sie sich mühsam die Straße hinauf. Schon nach wenigen Metern begannen die Pferde zu schnauben und zu keuchen, gerieten völlig außer Atem und blieben mitten auf dem Weg stehen. Das hatte der Bauer noch nicht erlebt, daß seine gutgenährten Pferde an dieser Stelle die Fuhre nicht mehr bewegen konnten. Er schimpfte und knallte mit der Peitsche, aber wie angewurzelt blieb das Gespann stehen.

Verärgert drehte der Fuhrmann sich um und rief dem mitfahrenden Gesellen erbost zu, er solle doch absteigen. Bei genauerem Hinsehen wurde der Mann starr vor Schreck und kreidebleich. Allmächtiger Gott! Der Fremdling hatte ja einen Pferdefuß!

Der Leibhaftige persönlich saß bei ihm auf dem Wagen! Hastig schlug der Bauer ein großes Kreuzzeichen und schickte ein kurzes Stoßgebet zum Himmel. Mit einem lauten Knall verschwand der Fremde, nicht ohne einen bestialischen Gestank zu hinterlassen.

Nun konnte der Fuhrmann ohne Mühe und Hindernisse seine Fahrt nach Trier fortsetzen.

Die Prosterather Wacken

Bei einem Gang nach Beuren mit seinen Eltern und Geschwistern trifft der kleine Stefan Andres mit seiner Base Evchen zusammen, die drei Jahre älter war als er. Sie erklärt ihm die Entstehung der Prosterather Wacken:

Evchen erzählte mir auch, woher die Steine stammten. In der Gegend von Beuren und Prosterath war früher der Boden sehr fruchtbar gewesen: das ganze Jahr Sommer, und Bäume bis in den Himmel hinauf, und Äpfel so dick wie Kindsköpfe. Einmal wären der Herrgott und der Teufel nach Beuren und Prosterath gekommen, um nach ihren Freunden zu sehen. Da hätten die Prosterather dem Herrgott getrocknete Birnen vorgesetzt, weil er wie ein armer Mann aussah. Der Teufel aber, der mit zu Tisch saß, hätt sich deswegen krumm gelacht. Darauf wär der Herrgott aufgestanden und hätt über die getrockneten Birnen das Kreuz geschlagen. Sofort wären die Birnen größer geworden und immer größer, bis jede Birne so groß war wie sieben Häuser. Und über den Teufel, der immer noch lachte, hätte der Herrgott das Kreuz gemacht, und da wäre auch der Teufel immer größer geworden, immer größer. Und dann hätt der Herrgott zu den Leuten gesagt: „Dem Herrgott habt ihr getrocknete Birnen vorgesetzt. Jetzt sollt ihr mal sehen, wie der Herrgott sogar den Teufel bewirtet." Und auf einen Wink des Herrgotts hätt der Teufel sieben von den dicken Birnen gegessen, aber mit Stumpf und Stiel. Gleich darauf wär der Teufel umgefallen, hätt sich stöhnend auf der Erde herumgewälzt und gerufen:

„Mein Panz, mein armer Teufelspanz!" Und schließlich wär er fauchend entwichen und hätt die Klitsche der trocknen Birnen aus der Luft herab auf die Häuser der Prosterather geschissen, und die Häuser wären von dem Teufelsdreck zugedeckt worden. Die dicken Steine wären allein übriggeblieben. Mit der Fruchtbarkeit und der schönen Luft und dem ewigen Sommer war es vorbei, so schloß Evchen wehmütig, und nur, weil die Prosterather in dem armen Mann nicht den Herrgott erkannt hätten.

Ich trat nun näher an die Steine, betastete vorsichtig und mit Abscheu den riesigen Teufelsdreck und stellte mir vor, wie weh solche Steine dem Teufel getan haben müßten. Und ich blickte mich im Kreis um und sah die kümmerlichen Birnbäume dastehen und hinter ihnen tiefer am Abhang hinunter die Häuser von Prosterath. „Dat muß ja schrecklich gewesen sein", sagte ich, und Evchen versicherte mir, daß Gott gerecht wär. Und wer den armen Leuten nicht helfen tät, der verhöhne Gott!

Die „Perdsjongen“

In früheren Zeiten hielten die Hochwälder Bauersleute wesentlich mehr Vieh als heute. Der Ackerbau war nicht besonders ergiebig; Kühe, Pferde, Schweine, Schafe und Ziegen brachten mehr ein. Während das Rindvieh, die Schweine und die Ziegen abends heimgetrieben wurden, blieben die Schafe und die Pferde nachts draußen auf der Weide.

Die Pferde wurden von den „Perdsjongen“ gehütet. Diese „Perdsjongen“ dünkten sich als etwas Besonderes, hielten zusammen und lebten und arbeiteten nach strengen, eigenen Regeln. Wer gegen diese Ordnung verstieß, wurde sofort von den „Perdsjongen“ abgeurteilt und bestraft. Treue und Zuverlässigkeit waren oberstes Gebot.

Eines Tages lagerten die Hermeskeiler „Perdsjongen“ im Bischofswald hinter Thiergarten an der dreistämmigen Buche. Sie waren längere Zeit nicht nach Hause gekommen. Einer der Hirten sollte nachts bei den Pferden wachen, doch der Bursche verließ seinen Posten und ging nach Thiergarten, wo damals die ersten Häuser gebaut waren.

Aber wie das Unglück es will, kamen in dieser Nacht die Wölfe und fielen die Pferde an. Zum Glück riß sich ein Pferd los und rannte zu den schlafenden Hirten. Aufgeschreckt sprangen die Burschen auf die Pferde und verscheuchten die Wölfe. Wie konnte das eigentlich geschehen? Wo war denn die Nachtwache?

Nach einiger Zeit trudelte er ein, der treulose Wächter. „Wo warst du?“ fuhren sie ihn an. „Nur ein halbes Stündchen war ich nach Thiergarten maijen“, antwortete er verlegen.

Noch in der selben Nacht wurde Gericht gehalten und der Maijengänger bestraft. „Nimm einen Krug und geh zum Sauerborn zwischen Abtei und dem Königsfeld. Bring uns von diesem Wasser“, lautete das einstimmige Urteil. Er schnallte sich einen Krug um die Schulter und lief über Thiergarten, über den Rückersberg, nach Groß-Abtei und war bald an der besagten Quelle. Er füllte seinen Krug mit dem Wasser des Sauerborns, dachte noch, diese Strafe sei wirklich nicht zu hart gewesen, da erblickte er neben sich ein Pferd. „Oh, das kommt mir aber gelegen“, meinte er und schwang sich hinauf.

Kaum hatte er das fremde Pferd bestiegen, gebärdete es sich furchtbar wild, schlug mit Vorder- und Hinterhand gleichzeitig aus und stieß Feuerstrahlen aus Maul und Nüstern. Mit Händen und Füßen klammerte sich der Hirtenjunge an das unheimliche Tier. Plötzlich wuchs das Teufelsroß, wurde größer und größer, größer als der höchste Baum. In Riesensprüngen setzte es über den dunklen Wald, am Königsfeld vorbei und immer weiter. Endlich, er glaubte, eine Ewigkeit sei vergangen, stand es plötzlich still. Da erkannte er, daß er auf dem Reinsfelder Galgenberg war. Hier versuchte das Pferd, den Reiter abzuwerfen. Der jedoch besann sich blitzschnell und rief: „Im Namen Gottes, trage mich wieder dorthin, wo du mich geholt hast!“ Wieder wollte das Pferd den Hirten loswerden und führte sich furchtbar auf. Der Junge rief noch eindringlicher: „Im Namen Gottes, bring mich wieder dorthin, wo du mich geholt hast!“

Da begann das Pferd zu zittern und zu beben, machte einen Riesensprung und war im Nu wieder am Sauerborn. Dort wurde es klein und kleiner, ließ den Hirten willig absteigen und verschwand. Dabei lachte es noch schrecklich, so wie kein Pferd wiehert, und hinterließ einen ekelhaften Gestank.

Der Hirtenjunge wankte völlig verwirrt in das Lager der „Perdsjongen“ an der dreistämmigen Buche zurück und fiel ohnmächtig vor den Kameraden am Feuer zu Boden. Voller Schreck erkannten sie ihren Gefährten, der mit schneeweißem Haar vom Sauerborn zurückgekommen war. Furchtbares mußte der Junge erlebt haben!

Erst später, als er sich vom ersten Schock erholt hatte, konnte er erzählen, wie es ihm am unheimlichen Sauerborn ergangen war. Von dem Tage an verurteilten die Hermeskeiler „Perdsjongen“ keinen mehr, nachts am Sauerborn Wasser zu holen.

Der falsche Schwur

Zwischen Hermeskeil, Geisfeld und Rascheid liegt ein ausgedehntes Waldgebiet, das in früheren Jahren einmal Anlaß zu heftigen gerichtlichen Auseinandersetzungen war.

Die Gemeinden Hermeskeil und Geisfeld hatten beide Besitzungen in diesem Gebiet, waren also Nachbarn. Jahrhundertelang bestand ein friedliches Verhältnis, bis einer ein neidvolles Auge auf den Besitz des anderen warf.

Grenzstreitigkeiten gab es damals oft, waren doch die Besitzverhältnisse nicht durch genaue Vermessungen geregelt und festgeschrieben. Bachläufe, feste Wege, markante Bäume oder Felsbrocken bildeten die Anhaltspunkte für die Überlieferung der Grenzbeschreibungen, wie sie in alten Weistümern üblich waren.

Nun wollten die Hermeskeiler doch einen größeren Teil des prachtvollen Waldes nutzen, als ihnen zustand. Die Geisfelder wehrten sich. Sie beriefen sich auf alte Grenzbeschreibungen und mündliche Überlieferungen älterer Leute. Aber alles half nichts. Es kam, wie es kommen mußte, wenn zwei sich streiten. Das Gericht wurde angerufen, es sollte den rechtmäßigen Besitzer des besagten Waldstükkes ermitteln.

Das hohe Gericht tagte an Ort und Stelle, nahm das strittige Gelände in Augenschein und hörte die Parteien an. Die Geisfelder Schöffen riefen ältere Dorfbewohner auf, die noch bezeugen konnten, daß das besagte Waldstück schon zu Zeiten ihrer Großeltern rechtmäßiges Eigentum der Gemeinde Geisfeld war. Die Hermeskeiler Schöffen jedoch riefen den Schöpfer aller Dinge persönlich in den Zeugenstand. Sie traten vor und sprachen in feierlicher Form: „So wahr ich den Schöpfer über mir habe, stehe ich hier auf Hermeskeiler Grund und Boden!" So konnte auch ein jeder unbekümmert sprechen, denn jeder Hermeskeiler Schöffe hatte vorher Erde aus seinem Garten in die Schuhe gestreut und eine „Boll", einen Schöpfer (Schöpflöffel) unter den Hut gesteckt.

Auf diese Aussage hin wurde der strittige Wald den Hermeskeilern zugesprochen. Die Geisfelder fühlten sich betrogen und gingen enttäuscht nach Hause. Später wurde der zweideutige Schwur und damit der listige Betrug offenbar, und es kam zu einem neuen Prozeß. Die alten Grenzen wurden bestätigt, Geisfeld behielt seine Waldungen, und die langjährigen Streitereien waren beendet.

Weil aber der erste Richterspruch auf einem Irrtum beruhte, nennt man den Wald seit dieser Zeit „Irrthum".

Ein Geisfelder beim Hexentanz

Hexen und Geister, Dämone und Kobolde spielten im Volksglauben schon immer eine große Rolle. Unverstandene und unerklärbare Begebenheiten wurden leichtfertig in die düstere Welt der Geister und Hexen verlegt. So wurden die phantastischsten Geschichten erzählt, vernommen und ausgeschmückt weitergetragen. Manch einer träumte gar davon, selbst die „Schwarze Kunst“ der Hexen zu erlernen, selbst die geheimnisvolle Macht der dunklen Unterwelt zu beherrschen. Von dieser wahnwitzigen Idee war einst ein beherzter Bauersmann aus Geisfeld besessen.

In der Walpurgisnacht versammeln sich die Hexen, wie allseits bekannt, auf dem Blocksberg, um sich einmal richtig auszutoben. Aber vielen Hexen, die früher ihr Unwesen auf dem Hochwald trieben, schien der Weg zum amtlichen Versammlungsort im Harz zu weit oder zu beschwerlich. Also richteten sie sich einen eigenen Treffpunkt ein, natürlich mit allerhöchster Erlaubnis, und zwar auf dem Rükkersberg zwischen Thiergarten und Abtei.

Das vorwitzige Bäuerchen aus Geisfeld wollte es genau wissen und schlich in der Nacht zum 1. Mai auf allerlei Umwegen und dunklen Pfaden zum Rückersberg, um die Hexen bei ihrem wilden Tanz zu beobachten und zu belauschen und vielleicht etwas von ihren geheimnisvollen Künsten aufzuschnappen.

Je näher er dem nächtlichen Versammlungsort kam, um so schauriger wurde es. Aus allen Richtungen schwirrte das lichtscheue Gesindel auf struppigen Reiserbesen heran, landete mit gellendem Gekicher und stürzte sich sogleich in einen wüsten Tanz. In der Mitte des schummerigen Tummelplatzes zuckten bläuliche und gelbliche Flämmchen aus einer kleinen Erdspalte. Ein schwefeliger Gestank lag in der Luft.

Auf einem gestürzten Baumstamm thronte Herr Urian persönlich und gab in Gestalt einer riesigen Fledermaus ein feuriges, musikalisches Gastspiel, zu dem die gesamte Hexenschar die verrücktesten und verwegensten Verrenkungen vollführte.

Das verwirrte Bäuerchen, hinter einer niedrigen Hecke kauernd, sperrte Mund und Ohren auf, begann zu zittern und zu beben. Nein, hier war es ihm nicht geheuer! Nichts wie weg, war sein einziger Gedanke! Plötzlich mußte der Mann heftig niesen, und im gleichen Moment stand eine grausige Hexe vor ihm und fragte nach seinem Begehr. „Ich ... ich, ich will den Hexentanz mitmachen", stotterte er, selbst überrascht über seine verwegene Antwort. Die listige Hexe überreichte ihm einen struppigen Besen als Reitpferd und meinte hinterhältig: „Soll es *über* Stock und Stein gehen oder *durch* Stock und Stein?" Der verdatterte Mann schüttelte ob dieser undurchsichtigen Frage unschlüssig den Kopf und antwortete dann aufs Geratewohl: „Über Stock und Stein!"

Flugs sauste der Besen mit seinem Reiter durch die Lüfte, über Felder und Wälder geradewegs in den qualmenden Schornstein seines eigenen Hauses. Mit greulichen Beulen und blauen Flecken reichlich bedacht, so landete der Bauer auf dem Fußboden seiner Küche, froh, daß sein waghalsiges Unternehmen doch noch glimpflich ausgegangen war.

Die Hexen aber, so sagt man, haben wegen dieses Zwischenfalles ihren nächtlichen Tummelplatz an einen unbekannten Ort verlegt, den bis heute noch kein Hochwälder entdeckt hat.

Die verfluchte Mühle

Wie an einer Kette aufgereiht lagen einst im lieblichen Tal der Dhron zahlreiche alte Mühlen. Jetzt erinnern nur noch einige träge dahinfließende Mühlenteiche an frühere Zeiten. Denn kein Wasserrad dreht sich mehr, kein Mahlstein knirscht, und kein Gatter rattert mehr in die Stille des Tales hinein. Still stehen sie, umgebaut zu wohnlichen Oasen, nur die eine oder andere Mühle läßt noch ihr früheres Leben erahnen. Und Leben herrschte hier einst, manchmal zu viel Leben.

Um die Jahrhundertwende etwa wurde eine der vielen Mühlen an der Kleinen Dhron zu einem beliebten Treffpunkt der Jugend, der Burschen und Mädchen aus dem nahen Dorf. Hier, in der Abgeschiedenheit des Tales, trafen sie sich heimlich, ohne die Strenge der Eltern und des Pastors fürchten zu müssen.

Hanni, ein lustiger Geselle, verstand es, die Mundharmonika zu spielen, und flinker als das Mühlenrad drehten sich die Pärchen nach seiner Musik. Sonntag für Sonntag kamen die Jugendlichen ins Tal, tanzten und lachten, sangen und tranken.

Eines Tages erfuhr der Pastor von dem sonntäglichen Treiben der Jugend. Streng und unnachgiebig ging er mit ihnen ins Gericht. Von der Kanzel herab verurteilte und verbot er das sittenlose Vergnügen der jungen Leute. Doch sie kümmerten sich nicht um die Vorhaltungen und Drohungen des Priesters und tanzten vergnügt weiter.

An einem Sonntagabend eilte der Pastor selbst in die Mühle, um dem schlechten Lebenswandel der jungen Leute Einhalt zu gebieten. Aber niemand achtete auf ihn, niemand hörte auf seine mahnenden Worte, ja sie verlachten und verspotteten ihn.

Wut, unbändige Wut stieg in ihm auf. Er geriet in einen maßlosen Zorn. „So wie ihr hier tanzt, so sollen die Steine dieser Mühle tanzen, so lange, bis kein Stein mehr auf dem anderen steht! Und Ihr, Ihr gottlosen Rädelsführer, Ihr sollt verflucht sein bis in die dritte Generation!" schrie er und wandte sich ab.

Die halbe Nacht verbrachte er grübelnd in seinem Studierzimmer, abwägend, ob er nicht zu weit gegangen wäre. Plötzlich stand der Leibhaftige im Zimmer, so schien ihm, oder war es ein Trugbild seiner übermüdeten und überreizten Sinne?

„Reiche Schätze, Gold und Silber schenke ich dir. Damit kannst du deinen armen Bauern zum Wohlstand verhelfen, wenn du den schrecklichen Fluch zurücknimmst und den jungen Leuten ihr Vergnügen läßt!" lockte der Teufel. Schnell nahm der Priester das Kruzifix und hielt es dem Satan entgegen. Der Böse sah seine Sache verloren, ergriff hastig das Tintenfaß auf dem Schreibtisch und schleuderte es mit einem verzerrten Schrei nach dem Priester und verschwand. Das Tintenfaß zersprang an der Wand hinter dem Pastor, und der große, sich weit verästelnde blaue Fleck mahnte den Priester zeit seines Lebens an diese nächtliche Begegnung mit dem Leibhaftigen. Alle Versuche, den riesigen Tintenklecks zu beseitigen, scheiterten.

Die alte Mühle ist längst zerfallen. Im Dorf kennt man nicht mehr die genaue Stelle, an der sie einst gestanden hatte. Aber der böse Fluch, der sich an der Mühle bewahrheitet hatte, wurde von den Leuten gefürchtet bis ins dritte Geschlecht.

TIEFES GOTTVERTRAUEN

Im Dreißigjährigen Krieg zogen die schwedischen Soldaten auch auf den Höhen des Hochwaldes manche blutige Spur. Zahlreiche Dörfer wurden zu dieser Zeit geplündert, verwüstet oder gebrandschatzt, ihre Bewohner gequält oder grausam umgebracht. „Die Schweden kommen!" das war der gefürchtetste Schreckensruf, der durch die stillen Dörfer hallte. Tief saß die Angst vor den Grausamkeiten und Schrecknissen der wilden Horden in den einfachen Bauersleuten. Wer konnte den bedrängten Menschen in ihrer Not Hilfe bringen?

Zwischen Rascheid und Harsburg, einem Ort, der wie viele andere den Dreißigjährigen Krieg nicht überlebte, lag damals ein einsames Bauerngehöft. Hier wohnte eine große Familie, die sich mehr schlecht als recht von den kargen Erträgen ihrer kleinen Landwirtschaft ernährte. Aber man war zufrieden, denn bisher blieben Haus und Hof, Mensch und Vieh von dem mörderischen Krieg verschont. Aber wie lange noch?

Es war in den ersten Tagen des Monats Mai, als ein Bauer aus Harsburg, unterwegs nach Rascheid, auf dem Hof einkehrte und von schwedischen Reitern berichtete, die auf dem nahen Höhenweg gesehen wurden. „Wahrscheinlich werden sie hier vorbeikommen. Seht Euch also vor!" warnte er.

Bestürzt und ratlos versammelte sich groß und klein in der niedrigen Stube. „Etwas müssen wir tun", sagte der Bauer, „schutzlos dürfen wir uns nicht preisgeben!" „Gegen die Schweden ist kein Kraut gewachsen", meinte die Mutter. Doch jeder half, die Zugänge des Hauses notdürftig zu verrammeln, Scheune und Stall zu verbarrikadieren und die Fenster mit Brettern zuzuschlagen. Alle im Hause waren in heller Aufregung, rannten nach getaner Arbeit ziemlich kopflos umher oder kauerten verängstigt in der Stube, sinnend, wie sie der drohenden Gefahr entkommen oder sich schützen sollten.

Nur die Großmutter fiel durch ihre große Ruhe auf, sie, eine alte, weißhaarige Frau, die ihr Leben lang hart gearbeitet hatte und nun verbraucht schien. Sie hatte sich an der Herdstelle niedergelassen und betete mit fester Stimme, mit einer Stimme, die man nie von der zerbrechlichen Frau erwartet hätte, tief gläubig den Rosenkranz. Nach jedem Gesetz flehte sie inbrünstig:

„Eine Mauer um uns baue,
daß dem Feinde vor uns graue!“

So saß sie da, in sich versunken und unbeeindruckt von der allgemein herrschenden Angst. Unbeirrt und hingebungsvoll sprach sie ihr Gebet bis tief in die dunkle Nacht hinein. Und in dieser Nacht geschah nichts Besonderes, kein gefürchteter Schwede schlug ans Tor, alles blieb still und ruhig.

Am anderen Morgen wollte der Bauer vorsichtig nachsehen, was denn mit den Schweden los sei. Ob sie vielleicht ihr Lager in der Nähe aufgeschlagen und den hellen Tag zum Angriff abgewartet hatten? Verunsichert versuchte der Bauer, die Tür aufzustoßen, doch vergebens. Er drückte und stemmte sich dagegen, umsonst. Wie von einer unsichtbaren Kraft gehalten, blieb die Haustür geschlossen. Völlig verwirrt wollte der Mann die übrigen Zugänge öffnen, doch ohne Erfolg. Wie groß war aber sein Erstaunen, als er bemerkte, daß sein ganzes Haus von einer riesigen Mauer umgeben war, von einer Mauer aus frischem Schnee, rundum bis unter das Dach. Und das in den ersten Maitagen!

Nicht weit vom Haus entfernt entdeckten die Hofbewohner viele Spuren der Schwedenhorden, die das vom Schnee geschützte Gehöft unversehrt gelassen hatten und vorbeigezogen waren.

Zwischen Hermeskeil und Malborn, dort, wo heute der Tiefenthalerhof und die St.-Nikolaus-Quelle liegen, soll früher ein herrschaftliches Gebäude gestanden haben. Spärliche Reste alten Gemäuers sollen noch vor mehr als hundert Jahren vorhanden gewesen sein.

Zur damaligen Zeit hütete ein Schweinehirt in dieser Gegend die Dorfherde. Auf der Suche nach einem verlorenen Schwein kam der Hirt an den mit Gestrüpp überwucherten Eingang einer Höhle. Neugierig folgte er dem unterirdischen Gang, der tief in den Berg führte.

Plötzlich weitete sich der Gang zu einem kellerartigen Raum. In einer Ecke stand eine schwere, mit Eisenbändern beschlagene Kiste, auf der ein zotteliger Hund lag. Im Maul hielt er einen übergroßen Schlüssel fest zwischen den Zähnen. Ängstlich drückte der Hirt sich vorbei, verließ den Vorraum und betrat einen großen, lichten Saal. An den Wänden rundum hingen alte Waffen und Teile von Ritterrüstungen, eingewoben von dichten grauen Spinngeweben. Verwundert und überrascht wanderten seine Augen durch den Raum. Da blieb sein Blick an einem mächtigen Eichentisch in der Mitte des Saales hängen, um den drei steinalte Männer saßen. Ihre langen, eisgrauen Bärte wuchsen rund um den Tisch. Unheimlich und gespenstisch schien dem Schweinehirten die Situation.

Schnell bekreuzigte er sich, gab sich dann einen Ruck und sprach die Männer an: „Wer seid ihr? Was tut ihr hier?“ Mit Grabesstimme antwortete einer: „Wir sind in diesen Saal gebannt und können erst erlöst werden, wenn unsere Bärte neunmal den

Tisch umschlingen. Kommt dann ein Mensch und findet das richtige Wort, um dem Hund den Schlüssel aus dem Maul zu nehmen, dann sind wir erlöst und von unseren Qualen befreit. Zum Dank erhält der Erlöser den unermeßlichen Schatz, der in der Kiste liegt, auf dem der Hund sitzt. Du aber, guter Mann“, fuhr der Alte fort, „mußt uns sofort verlassen. Die Zeit ist noch nicht gekommen. Wir können jetzt nicht erlöst werden.“

Schleunigst wandte der Hirt sich ab, rannte durch den Vorraum an dem knurrenden Hund vorbei und suchte das helle, freie Tageslicht. Den Eingang zu den unterirdischen Gewölben zeigte der Hirt niemandem, wohl aber erzählte er von dem Schatz auf Tiefenthal.

Der erlöste Geist

Ein arbeitsreicher Herbsttag ging zur Neige, als ein biederer Hochwaldbauer müde, doch zufrieden mit des Tages Arbeit, dem nahen Dorf Malborn zustrebte.

Die ersten milchigen Nebelfetzen lagen bereits im Tal, schoben sich allmählich höher und berührten fast den dunklen Waldrand. Die Dämmerung schlich heran. Tief in Gedanken versunken kam der Bauersmann mit seiner Handkarre an eine Weggabelung. Urplötzlich, wie aus dem Boden gestampft, stand vor ihm ein seltsamer alter Mann, stumm und starr. Nur die tiefliegenden, unruhig hin und her irrenden Augen verrieten Leben. Dieser Fremdling schien schon ein komischer Kauz zu sein, stellte sich einfach breitbeinig dem Bauern in den Weg, ohne ein einziges Wort zu sprechen.

„Geh mir aus dem Weg, Alter! Was hast du hier zu schaffen?“ fuhr der unerschrockene Bauer den Fremden an. Doch dieser regte sich nicht vom Fleck, stand da und blieb auf herausfordernde Art stumm.

Aber der deftige Bauersmann fackelte nicht lange, hob die kräftige Hand wie eine Keule und versetzte dem widerspenstigen Alten einen so derben Schlag ins Genick, daß der komische Kauz sich dreimal um sich selbst drehte. Kaum stand der Alte wieder auf den Beinen, begann er überraschend zu sprechen:

„Hab Dank, du braver Mann, daß du mir dies angetan! Von schwerer Schuld bedrückt, finde ich keine Ruhe. Ich gehe schon viele hundert Jahre hier umher. Dreimal wuchs bereits der Hochwald wieder neu empor, viel hundertmal sproß die neue Saat auf den Feldern ringsum. Durch deinen Schlag bin ich nun endlich erlöst von aller Pein. Habe Dank für deine Hilfe, die nicht umsonst gewesen sein soll!“ Sprach’s, und war verschwunden.

Das verdutzte Bäuerchen wußte nicht, wie ihm geschah, gaffte unschlüssig umher und war sehr erstaunt, als an der Stelle, an der das alte Männlein soeben noch gestanden, ein schwerer Beutel lag, prall gefüllt mit purem Gold.

Freudestrahlend ergriff der Bauer seinen unverhofften Schatz, rannte nach Hause und rief fröhlich:

„Gottlob, das war ein guter Schlag,
gern gäb ich solchen jeden Tag.“

HUTHS-SCHLUCK

Im Malborner Wald gibt es eine Stelle, die besonders in Jägerkreisen bekannt ist. „Huths-Schluck" wird sie genannt. Hinter diesem Namen verbirgt sich eine Geschichte, die von kleinen, allzu menschlichen Schwächen erzählt.

Es war Ende des vorigen Jahrhunderts, als in einem kalten und schneereichen Winter im Malborner Wald bei einer Treibjagd Sauen eingekreist waren. An dieser „Herrenjagd" nahm auch der königlich-preußische Förster Peter Huth teil.

Die Herren stellten sich an verschiedenen Stellen an, und die Treiber aus dem Dorf machten sich an ihre Arbeit. Doch zunächst rührte sich nichts. Den wartenden Jägern wurde es mittlerweile bitter kalt, verspürten doch die Sauen keine Lust, ihr verhältnismäßig warmes Unterholz zu verlassen. Um seine abgekühlten Lebensgeister in der starren Kälte wieder zu beleben und für die noch bevorstehenden Taten besser gestärkt zu sein, tastete Förster Huth bedächtig und vorsichtig zum Rucksack, wo er die glatte Rundung seines geliebten Schnapskrügleins spürte, das er für alle Fälle dort sicher verwahrt wußte, griff dann entschlossen durch den Rucksackschlitz, um es zu holen.

Im gleichen Augenblick jedoch stäubte in unmittelbarer Nähe der Schnee auf, und eine Rotte Borstentiere brach schnaufend aus dem Dickicht und jagte an dem Waidmann vorbei. Völlig überrascht verhaspelte sich Huth, und als er seine Hand mit dem Krüglein aus dem Rucksack gezerrt hatte, waren die Sauen längst verschwunden.

Nun war guter Rat teuer. Sein verständlicher Wunsch nach innerer Labung brachte doch seine

Jägerehre in Gefahr. Wie stand er nun da vor den hohen Herren? Also jagte der gute Förster Huth dem Borstenvieh noch schnell zwei Schüsse nach, um sein dienstliches Gewissen zu beruhigen. Zur inneren Beruhigung und Stärkung nahm er dann endlich den wohlverdienten Schluck. Während der Förster noch über sein Pech nachsann, genehmigte er sich einen weiteren kräftigen Schluck. Doch da näherte sich zum zweiten Mal eine schwere Sau. Ehe er aber zum Schuß kam, war auch dieses Tier bereits verschwunden. Wieder schoß der vom Pech verfolgte Jäger hinterher, natürlich ohne zu treffen.

Irgendwie kam die Geschichte noch während der Jagd dem gestrengen Herrn Oberförster zu Ohren. So brauchte der verhinderte Schütze beim abendlichen Kesseltreiben für den Spott und die Heiterkeitsausbrüche der Gesellschaft nicht zu sorgen.

Die Stelle aber, an der dies geschehen war, heißt seitdem in Fachkreisen „Huths-Schluck“.

Der Förster und der Teufel

Vor vielen Jahren ging der Malborner Förster einmal durch sein Revier, um nach dem Rechten zu sehen. Er marschierte über die alte „Viehtrift", die vom Steinkopf nach der „Sang" führt. Die geladene Flinte trug er schußbereit auf der Schulter. Mächtiger Qualm stieg von seiner großen Pfeife auf, die eine auffallend lange Röhre hatte.

Plötzlich stand ein verdächtig aussehender Geselle vor ihm, ein Mann, in einen weiten, dunklen Mantel gehüllt, mit einem feuerroten Gesicht und einem merkwürdigen Klumpfuß. Dem sonst wackeren Förster lief es eiskalt über den Rücken. Hatte er es hier nicht mit dem Leibhaftigen persönlich zu tun? Doch beherzt gab er Antwort, als der unheimliche Fremde ihn fragte, was er da mache. „Ich rauche meinen Tabak!"

Der seltsame Fremdling, der offensichtlich wenig Umgang mit tabakrauchenden Förstern pflegte, bat darum, auch einmal die „Backs" schmauchen zu dürfen. Flink schob der listige Förster dem Teufel den Lauf der Flinte in den Mund, ermahnte ihn, auch tüchtig zu ziehen, griff dann schnell zum Schloß und drückte ab. „Donnerwetter", sagte der Leibhaftige und spuckte die Kugel aus, „du rauchst aber einen starken Tabak!" und verschwand.

Der zurückgebliebene Geruch von Pech und Schwefel überzeugte den Förster, daß es wahrlich ein vergebliches Unterfangen ist, den leibhaftigen Teufel erschießen zu wollen.

Die Osterglocken von Wüstenbrühl

Auf den Höhen des Hochwaldes, dort, wo Große und Kleine Prims sich die Hand reichen, um gemeinsam der Saar entgegenzueilen, ließen sich vor vielen hundert Jahren fromme Franziskaner nieder und gründeten ein kleines Kloster.

Wüstenbrühl nannten sie ihre stille Niederlassung, weil in diesem wüsten Tal keine blühenden Felder standen und kaum ein zartes Blümchen sich hervortraute. Ein rauher und kalter Wind wehte fast das ganze Jahr über, karg und steinig waren Feld und Flur.

Auf dem dünnen Boden arbeiteten die fleißigen Mönche schwer und hart, jahrein, jahraus. Mancher Tropfen Schweiß rann ihnen von der Stirn. Der Lohn ihrer Arbeit war kläglich, die kleinen Alltagsfreuden waren gering.

Zum Kloster gehörte eine kleine Kapelle, die dem heiligen Nikolaus geweiht war. Ihn, den Schutzpatron ihres Gotteshauses, verehrten die armen Diener Gottes besonders eifrig, wußten sie doch, daß der heilige Bischof zeit seines Lebens durch frommes Gebet vielen Menschen Gottes Hilfe erfleht hatte. So wandten sich die Mönche an ihn als Fürsprecher, daß er ihre Bitte dem allmächtigen Gott vortragen wolle, ihr armseliges Erdendasein ein wenig zu erfreuen.

Sie wünschten sich eine kleine Blumenwiese neben ihrem Kloster. Sankt Nikolaus gefiel diese Bitte, er trug sie demütig vor, und der Herr erhörte ihn. All die vielen tausend Schweißtropfen der fleißigen Mönche, die in Jahren mühevoller Arbeit die Erde benetzt hatten, verwandelten sich durch Gottes Güte in lauter weiße Blumenzwiebeln.

Als nun die wärmende Frühlingssonne ihre ersten Strahlen auf das Klostergelände schickte, begannen die zarten Zwiebeln zu wachsen und zu sprießen. Wie erstaunt und dankbar waren die Klosterbrüder, als sie nach der Ostermette ihre Kapelle verließen! So weit das Auge reichte, waren alle Wiesen rundum übersät mit wunderschönen goldgelben Blüten, die vom Glanz der Auferstehung des Herrn kündeten. Unter den Klängen des Klosterglöckleins beugten die Mönche voll Ehrfurcht die Knie zu einem Dankgebet und stimmten ein in das „Lobet den Herren“.

Heute ist das Kloster Wüstenbrühl längst zerfallen; nichts als der Name erinnert mehr an das Wirken der frommen Franziskaner. Doch alljährlich zur Osterzeit erwachen die goldgelben Osterglocken — im Volksmund auch liebevoll Nikolausblumen genannt — zu neuem Leben, und ihre Blüten leuchten in strahlendem Glanz den staunenden Besuchern Thiergartens entgegen und künden, wie einst den Mönchen, von der Freude über die Auferstehung des Herrn.

Sankt Niklas und der Dieb

Ritter Johann von Neumagen und seine Frau Margarete erbauten in der ersten Hälfte des 14. Jahrhunderts in Wüstenbrühl — dort, wo heute Thiergarten liegt — eine Kapelle, in der Reliquien des heiligen Nikolaus aufbewahrt wurden. Das kleine Gotteshaus, das zunächst eine Allerheiligenkapelle war, wurde bald Nikolauskapelle genannt.

Wüstenbrühl wurde mit der Zeit der bekannteste Wallfahrtsort im Hochwald. Von überallher kamen fromme Menschen zu der einsamen Kapelle, ließen mitgebrachtes Heilwasser vom nahen Niklasborn segnen, trugen dem heiligen Nikolaus ihre Anliegen vor und glaubten, den Heiligen mit klingenden Münzen geneigter zu stimmen. Der blecherne Opferstock zu Füßen des heiligen Bischofs füllte sich recht ansehnlich, besonders, wenn große Wallfahrten stattfanden.

Landsknechte, die zu jener Zeit in Hermeskeil lagen, hörten von dem beliebten Wallfahrtsziel. Einer der Soldaten wollte sich diesen Ort einmal näher ansehen. Dabei trieben ihn nicht fromme Gedanken, vielmehr lockte der reich gefüllte Opferstock.

Am 6. Dezember, dem Festtag des heiligen Nikolaus, kamen viele Wallfahrer, unter ihnen auch der Landsknecht. Er beobachtete alles sehr genau und freute sich diebisch, als er hörte, wie die begehrten Geldstücke im Opferstock klingelten. In der Nacht brach er in die Kirche ein, zündete eine kleine Funzel an und betrachtete fachmännisch den Geldkasten zu Füßen der steinernen Statue des heiligen Niklas. Er fand, daß es nicht schwer sei, den Opferstock zu öffnen und mit der reichen Beute zu verschwinden.

Aber bevor er sein freches Bubenstück begann, sprach er übermütig den Heiligen an: „Lieber St. Niklas, du bist reich, die Menschen bringen dir täglich ihre Geldstücke, ich dagegen bin arm, arm wie eine Kirchenmaus. Du hast in deinem Leben stets den Armen geholfen, also schenke mir das Opfergeld, morgen bringen die Leute dir wieder welches." Der Heilige antwortete nicht. Spöttisch fuhr der Landsknecht fort: „Wir wollen um das Geld laufen. Wer zuerst unten an der Kirchentür ist, bekommt den ganzen Inhalt des Kastens."

In großen Sprüngen rannte er zum Eingang. Aber sieh da, St. Niklas stand schon dort! Damit hatte der übermütige Bursche nicht gerechnet. Aber er gab nicht auf und trieb sein vermessenes Spiel weiter. „Laufen wir zurück zum Altar!" schlug er vor. Wieder zog er den kürzeren. St. Niklas war wieder vor ihm an seinem Platz.

„Mit dem Laufen war wohl nichts, wir wollen etwas anderes versuchen", meinte der Landsknecht. Dabei sah er, wie der Heilige seine rechte Hand ausgestreckt hielt. „Lieber Niklas, gib mir die Hand zum Zeichen deines Einverständnisses, daß das Geld mir gehören soll."

Da, ein schmerzhafter Schrei gellte durch die kleine Kapelle, die steinerne Hand der Statue hielt die dargebotene Rechte des Spitzbuben fest umschlossen, so fest, daß er nicht mehr loskam. Alles Bitten und Flehen des diebischen Gesellen war vergeblich. Er brüllte und jammerte, aber nichts half. St. Niklas ließ sich nicht erweichen. Der Landsknecht blieb in dieser Nacht der Gefangene des Heiligen.

Am frühen Morgen hörten seine Kameraden, die ihn suchten, das erbärmliche Geschrei aus der Kapelle. Als sie jedoch die Tür öffneten, ließ St. Niklas den nächtlichen Gefangenen frei. Der Landsknecht, dem das Abenteuer dieser Nacht tief in den Knochen saß, kehrte mit seinen Gesellen zum Lager zurück und erkrankte schwer. Auf seinem langen Krankenlager besann er sich, beichtete seine Sünden und versprach, zeit seines Lebens Buße zu tun für sein frevelhaftes Unterfangen.

Als er wieder an Leib und Seele genesen war, nahm er das Pilgerkleid, begab sich nach St. Jakob in Spanien, und von dort pilgerte er nach Rom und Jerusalem. Nach vielen Jahren kam er als frommer Pilgersmann zurück und verbrachte den Rest seines Lebens in demütiger Buße.

DIE VERWUNSCHENE PRINZESSIN

In der Nähe des Dorfes Börfink liegt inmitten einer lieblichen Bergrunde eine Waldstelle, die man Stäbel nennt. Nahe dabei ist der Vierkessel, wo einst ein Nonnenkloster gestanden haben soll. Hoch über dem Stäbel und Vierkessel erhebt sich eine imposante Felsmasse, das Vorkastel, von dem der Bergzug steil in das Trauntal abfällt. In den gewaltigen Gesteinsbrocken, die um das Vorkastel verstreut liegen, glauben die Bewohner der umliegenden Dörfer noch Reste einer einst ausgedehnten Burg zu erkennen, von der man sich folgende Sage erzählt:

Einst stand hier eine mächtige Burganlage, die vor vielen hundert Jahren zerstört wurde. Nur die unterirdischen Gewölbe sind noch vorhanden, in denen unermeßliche Schätze schlummern. In einem großen Raum tief im Innern des Gewölbes steht eine reichverzierte goldene Kutsche. In ihr schläft seit vielen Jahrhunderten eine wunderschöne Prinzessin, die einst hierhin verwünscht wurde. Wer sie erlöst, darf von den reichen Schätzen so viel mitnehmen, wie er tragen kann.

Aber es ist äußerst beschwerlich und risikoreich, bis zur Prinzessin vorzudringen. Denn zur schlafenden Schönheit gelangt man nur durch einen Gang, in dem ein schwerer Mühlstein an einem Faden hängt. Daneben steht ein mächtiger Riese, bereit, den Faden durchzuschneiden, wenn jemand versucht, unter dem Mühlstein hindurchzukriechen.

Mancher Abenteuerlustige wagte sich in der Hoffnung auf reichlichen Gewinn an den Gewölbeeingang, doch der Anblick des greulichen Riesen neben dem Mühlstein war so furchterregend, daß er sofort umkehrte und den Ort des Schreckens verließ. Ein junger Bursche von Rinzenberg, so erzählt man in Muhl, hat als letzter einen solchen Versuch gewagt und ihn mit seinem Leben bezahlt.

Die verwunschene Prinzessin schläft noch immer in ihrer goldenen Kutsche unter dem Vorkastel und harrt auf ihren mutigen Befreier.

Der Tirolerstein

Manch einsamer Wanderer über die rauhen Dollberghöhen oberhalb Neuhüttens mag an dem schlichten Holzkreuz in der Nähe der höchsten Erhebung gerastet haben. Das Kreuz erinnert an ein menschliches Schicksal. Die sagenhafte Erzählung über das damalige Geschehen ist in der Bevölkerung der umliegenden Dörfer noch recht lebendig. Die volkstümlichen Bezeichnungen „Tirolerstein", „Tirolerkreuz" oder „Tirolerkopf" geben Zeugnis davon.

Man schrieb das Jahr 1741. Die Eisenerz-Verhüttung in den umliegenden Waldungen stand in voller Blüte. Viele Menschen kamen damals im Zuge der bescheidenen Industrialisierung in dieses Waldgebiet. In den größeren Orten fanden regelmäßig Markttage statt. Aber auch Wanderhändler zogen mit allerlei Waren des täglichen Bedarfs von Dorf zu Dorf.

Ein Tiroler Händler, Thomas genannt, auf dem Hochwald gut bekannt und als ehrlicher Mensch gern gesehen, versorgte die Leute nicht nur mit Gebrauchswaren, er wußte auch stets viele interessante Neuigkeiten aus Stadt und Land zu berichten.

Es war im kalten und schneereichen Januar 1741, als Thomas sich in Abentheuer aufhielt und am nächsten Tage nach Züsch weiter wollte. In der Nacht schneite es wie schon lange nicht mehr. Unmöglich war es für Thomas, mit seiner schweren Last auf dem Rücken durch das unwegsame, völlig zugeschneite Gelände nach Züsch zu gehen. Also blieb er, wo er war.

Während seines Zwangsaufenthaltes teilte er seine Kammer mit dem Knecht Niklas von Hoppstätten. Doch nach wenigen Tagen, als die Wetterlage günstiger erschien, machte Thomas sich nach Züsch auf. Hier kam er jedoch nicht mehr an.

Der Knecht Niklas tauchte nach einigen Tagen für kurze Zeit in Hilscheid auf. Hier fiel auf, daß der Knecht, den einige kannten, eine Menge Geld mit sich herumtrug. Louisdor, harte Taler, Batzen und Weißpfennige sah man bei ihm. Das ging doch nicht mit rechten Dingen zu! Woher hatte Niklas, der bisher für einen Gulden bei einem Förster in Diensten stand, soviel Geld? Da steckte mehr dahinter! Man benachrichtigte vorsorglich den Förster.

In Abentheuer faßte man einen ungeheuerlichen Verdacht. Der Tiroler Thomas war verschwunden. Ob der Knecht Niklas etwas damit zu tun hatte? Alle Nachforschungen blieben ergebnislos. Der Tiroler war und blieb verschwunden, der Knecht Niklas mittlerweile auch.

Bei einer organisierten Suchaktion nach dem Vermißten stieß man in der Abenddämmerung auf erste Spuren. Abseits des Weges entdeckte man einen Kramkasten, der aus dem Schnee herausleuchtete. „Der gehört dem Tiroler“, rief einer der Männer, „der Thomas wird nicht weit davon sein.“ Tatsächlich, nur wenige Schritte weiter fanden sie den Händler, tot, im tiefen Schnee vergraben, mit dem Gesicht in einer Blutlache, knochenhart gefroren.

Der Täter wurde nie gestellt. Ob es wirklich der Knecht Niklas war, ist nicht überliefert. Überliefert ist jedoch, daß seitdem an der Stelle, wo der Kopf des toten Tirolers gelegen, eine kleine runde Vertiefung im Boden zu erkennen ist, eine Stelle, an der niemals Gras wächst. Weiches, welkes Laub füllt stets die kleine Mulde.

In der Nähe der Mordstelle stand ein alter Wakkenstein, an dem die Besitztümer Achtelsbach, Amt Birkenfeld und das Züscher Lehen aneinandergrenzten. Nach der Mordtat erhielt dieser Stein im Volksmund wie auch in amtlichen Unterlagen den Namen „Tirolerstein“. Später hat man hier im Gedenken an den Mord ein Kreuz errichtet, das „Tirolerkreuz“, das heute noch liebevoll gepflegt wird.

In besonders rauhen und stürmischen Winternächten, wenn das Wetter so schlecht ist, daß „man keinen Hund vor die Tür jagt“, wenn die Bäume am Dollberg unter der nassen Schneelast ächzen und stöhnen, dann glauben einige, den alten Knecht Niklas zu hören, der den toten Tiroler sucht und nicht finden kann.

DIE VERWANDELTEN KOHLEN

Einst lebte in Thranenweier eine Witwe mit ihrer Tochter. Es waren arme, bescheidene Leute, die recht zufrieden mit dem Wenigen waren, das sie hatten.

Eines Abends, als die beiden bei einer dürftig schimmernden Petroleumlampe zusammensaßen, ging das Feuer in der Kochstelle aus. Was tun? Feuerstein und Zunder waren nicht im Hause, ohne das wärmende Feuer aber fühlte man sich in dieser rauhen Gegend am Abend nicht wohl.

Nur wenige Schritte hinter der kleinen Hütte lagerten drei Kesselflicker an einem Feuer. Zu ihnen schickte die Mutter das Mädchen, ein paar Kohlen zu holen, um das Feuer wieder zu entfachen. Schnell lief es zu den drei Männern, die schweigend am Feuer saßen. Mit einer Geste erlaubten sie dem Mädchen, sich einige glühende Kohlen zu holen. Hastig eilte sie mit einer guten Handvoll Kohlen auf einem Blech zurück und schüttete sie in den Herd. Doch was war das? Die Kohlen waren erloschen. Schnell lief das Mädchen wieder zu den dreien am Waldrand und bekam neue glühende Kohlen. Doch auch diese waren wieder erloschen, als es sie in die Feuerung kippte.

Sodann ging das Mädchen zum dritten Mal zu den Kesselflickern und bat um Feuer. Einer der unheimlichen Gesellen sprach nun das Mädchen an: „Jetzt ist es aber genug! Nimm dir, was du brauchst, und eile, aber komm nicht wieder!" Aber, o Schreck! Wieder war das Feuer erloschen. Ärgerlich wollte die Mutter sich nun selbst um das Feuer kümmern, ging zur Feuerstelle, und völlig überrascht rief sie: „Schau, die Kohlen sind zu Gold geworden! Nun sind wir reich, und alle Not hat ein Ende!"

Am nächsten Morgen wollte die Mutter sich bei den drei schwarzen Männern bedanken und sie zu sich einladen, aber niemand war mehr zu sehen, die Männer waren verschwunden.

Hagen von Tronje

Mitten in Dhronecken, dem kleinen, idyllisch gelegenen Hochwalddorf an der Kleinen Dhron, grüßt von einer Bergnase herab altersgraues Gemäuer. Es ist die Anlage des einst stattlichen und bedeutsamen Dhronecker Schlosses, das im Laufe der Geschichte öfters von den Franzosen belagert, eingenommen und zerstört wurde.

Hier war in alten Zeiten die Heimat des grimmigen Ritters Hagen, der mit Hunold von Hunolstein zu den getreuen Gefolgsleuten des Burgunderkönigs Gunther in Worms gehörte.

An den Hof zu Worms kam damals der stolze Königssohn Siegfried von Xanten. Wie aus dem Nibelungenlied bekannt, verliebte er sich bald in Kriemhild, Gunthers Schwester, und heiratete sie. Die Königin Brunhild, Gemahlin des Königs Gunther, erfuhr später, daß sie nur durch Siegfrieds List und Kraft bei der Brautwerbung bezwungen wurde. Sie fühlte sich von Siegfried zutiefst gekränkt und haßte den tapferen Ritter so sehr, daß sie ihn töten lassen wollte. Ritter Hagen von Tronje war zu dieser schrecklichen Tat bereit.

Auf Hagens Rat hin veranstaltete Gunther zu Ehren seiner Gäste im Hochwald, Hagens Heimat, eine große Jagd, an der auch Siegfried teilnahm. Hagen hatte in seinen heimischen Wäldern, in denen er jeden Weg kannte, alles bestens für seine Zwecke vorbereitet. Als die Jagdgesellschaft eine Rast einlegte, fehlte der Proviantwagen, denn Hagen hatte ihn vorher an eine andere Stelle beordert. Die Rekken waren von der Jagd abgehetzt und durstig. Hagen forderte Siegfried zu einem Wettlauf zu einer nahen Quelle auf. Siegfried nahm die Aufforderung zum ritterlichen Zweikampf gerne an und erreichte als erster das Ziel. Er beugte sich gerade zur Quelle hinab, um sich am kühlen Naß zu laben, da durchbohrte ihn Hagen hinterrücks mit einem Speer.

Die Quelle trägt heute noch im Volksmund den Namen „Siegfriedsborn“. Kriemhild soll an dieser Stelle einen ganzen Strom von Tränen vergossen haben, so daß hier ein kleiner Weiher entstand, der Thranenweier genannt wurde.

Das Haar der heiligen Hildegard

Papst Innozenz II. erwähnt in einer Bulle vom 6. Mai 1140, in der die Besitztümer, Kirchen und Grundherrschaften des Klosters St. Maximin in Trier bestätigt werden, erstmals eine „ecclesia talefangk", also eine Kirche in Thalfang.

Kostbarster Schatz dieses Gotteshauses war das Haar der Benediktinerin Hildegard von Bingen, die 1179 hochbetagt als heiligmäßige Ordensfrau gestorben war. Diese wertvolle Reliquie wurde im Altar der Kirche in einem Lederbeutel aufbewahrt. Besonders die Frauen aus der ganzen Mark kamen gern in die Kirche und suchten bei der Heiligen Rat und Hilfe in persönlichen Anliegen. Die heilige Hildegard spendete stets Trost und Hoffnung.

Es war im Sommer des Jahres 1200. Brütende Hitze lag über der weiten Mulde, in der die strohgedeckten Hütten des kleinen Dorfes Thalfang sich eng um das Gotteshaus schmiegten. Seit Wochen hielt der Himmel seine Schleusen geschlossen, seit Wochen fiel kein Regentropfen. Ausgedorrt lagen Feld und Flur, verbrannt Wiesen und Weiden, versiegt war der kleine Bach im Grund des Tales. Unheildrohend knisterte das Gebälk im Fachwerk der Häuser. Mensch und Vieh lechzte nach dem lebensnotwendigen Wasser.

Mit inbrünstigen Gebeten erflehten die Männer und Frauen den rettenden Regen. Aber alle frommen Bittgänge und die vielen eindringlichen Bittrufe zur heiligen Hildegard, deren Haar man doch in den eigenen Mauern wußte, brachten keine Hilfe. Ja, der Himmel schien für die Not der Märker taub und blind zu sein.

Die unerträgliche Schwüle lag weiterhin bleiern über der Mulde, sie nahm gar noch zu. Plötzlich kam eine leichte Brise auf, trieb vom Westen her kleine weiße Wolken zusammen, die sich schnell verdichteten und bedrohlich anschwollen. Im Nu färbte sich der Himmel schwefelgelb, grauschwarze Streifen wirbelten durcheinander und ballten sich über dem Ort am Fuße des Hochwaldes zu einem beängstigenden Himmelskoloß auf. Ein schweres Gewitter braute sich zusammen, blieb über dem Dorf stehen und entlud sich mit unbändiger Gewalt.

Plötzlich zuckte ein greller Lichtstrahl aus dem dunklen Gewölk herab, traf die kleine Kirche und entfachte einen vernichtenden Brand. Wie ein gefräßiger Moloch verschlangen die gierigen Flammen das trockne Gebälk. Jede rettende Hilfe blieb aussichtslos. In kurzer Zeit brannte das Gotteshaus bis auf spärliche Mauerreste und den Unterteil des Westturms völlig aus.

Das schreckliche Unwetter brachte den Märkern zwar den erhofften Regen, nahm ihnen aber ihr liebgewonnenes Kirchlein. Niedergeschlagen gingen die Thalfanger an die Aufräumungsarbeiten. Überrascht entdeckten sie unter Schutt und Asche, völlig unversehrt, den Lederbeutel mit dem Haar der heiligen Hildegard. Dieses Wunder nahmen sie als hoffnungsvolles Zeichen des Himmels.

Die ausgebrannte Kirche baute man wieder auf, nachdem man den Platz aufgeschüttet hatte, um dem größeren Gotteshaus einen erhöhten Standort zu geben. Immerhin gingen hundert Jahre über den Hochwald hinweg, bis das dreischiffige, dreijochige Langhaus stand. Heute noch schaut die ehrwürdige Kirche, ein kostbares Vermächtnis für die lebende Generation, weit ins Thalfanger Land.

Rund um den Idarwald

Die Walholzkirche

Abseits der Hunsrückhöhenstraße, zwischen Odert, Hunolstein und Weiperath, steht in einem idyllischen Wiesental, umgeben von einem gepflegten Gräberfeld und überschattet von uralten Linden, die Walholzkirche. Über 800 Jahre hatte sie den Bewohnern der umliegenden Dörfer als Gebetsstätte gedient. 1760 wurde die baufällige Kirche umgebaut und wesentlich erweitert. Heute steht sie leer, nur selten finden hier noch Gottesdienste statt.

Vor über zweihundert Jahren entbrannte ein heftiger Streit zwischen den Dörfern über den Standort der Kirche. Die Hunolsteiner wollten das Gotteshaus auf die Höhe haben, in ihr Dorf. Die Weiperather bestanden unnachgiebig auf dem alten Standort im Tal. Man konnte sich nicht einigen.

Das Bauholz wurde geschlagen, gezimmert und vorsorglich in Hunolstein gelagert. Doch als die Hunolsteiner sich am nächsten Morgen umsahen, trauten sie ihren Augen nicht: Das Bauholz war verschwunden! Bald stellte man fest: Es lag unten im Tal, an der Stelle, an der das alte Kirchlein seit vielen Jahrhunderten stand. Was hatte das zu bedeuten? Wer hatte das Kirchengebälk weggeschafft? Niemand hatte etwas von dem heimlichen Verschwinden des Holzes bemerkt. So glaubten einige, einen übernatürlichen Fingerzeig zu erkennen. Aber die meisten Dorfbewohner waren erbost über das nächtliche Verschwinden des Bauholzes und schafften es kurzerhand zurück auf den Berg. Am anderen Morgen jedoch lag das Holz wiederum unten im Tal.

Nun schien die Sache eindeutig zu sein, ein höheres Wesen hatte den hartnäckigen Streit entschieden: Das Kirchlein sollte im Tal errichtet werden. Die Hunolsteiner beugten sich der vermeintlich göttlichen Macht und gaben nach. Die Kirche wurde im Wiesental erbaut, genau zwischen den Dörfern, und erhielt den Namen „Walholz“, weil das Holz sich selbst den Standort ausgesucht habe.

Erst viele Jahre später kamen die Hunolsteiner dahinter, daß einige tatkräftige Weiperather Burschen im Schutze der Nacht dem „Willen Gottes“ energisch in ihrem Sinne nachgeholfen hatten. Die Hunolsteiner bekamen übrigens 1907 eine eigene Kirche, hoch oben auf dem Berg, ohne daß das Bauholz verschwand, eine stattliche Kirche, die wie ein schützender Wächter auf die kleine Walholzkirche hinabschaut.

Der Grosse Herrgott von Rapperath

Wer bei Morbach die Hunsrückhöhenstraße verläßt und dem Lauf der Dhron folgt, gelangt in das aufstrebende Dörfchen Rapperath. Am Ortsausgang in Richtung Merscheid verengt sich die weite Mulde. Ein hervorspringender zerklüfteter Fels, wie er oft im Dhrontal zu finden ist, drängt Straße und Bachlauf eng aneinander. Dort stehen hinter einer Heckenumzäunung, von einer hohen Baumgruppe umgeben, zwei Kapellen aus grauen Bruchsteinen und altem Eichengebälk.

In einem dieser Kapellchen findet sich im leichten Halbdunkel des fensterlosen Gebäudes ein überlebensgroßer Christus am Kreuz, der Rapperather Große Herrgott.

Die Gemeinde Rapperath hat dieses schwere Holzkreuz in ihr Wappen übernommen. Über dessen Herkunft erzählt man sich mehrere Sagen, die alle im wesentlichen folgenden Kern haben:

Einst hing das mächtige Kreuz in Wirschweiler. Auffallend ist der große, fast häßlich wirkende Korpus, fleischfarben gestrichen und mit Blutflecken beschmiert. Christus und der Längsbalken sind aus einem Stück Holz geschnitzt. Die bekannte Inschrift I.N.R.I. steht nicht wie sonst üblich auf dem Kreuz, sondern auf einem Querbalken des Dachstuhles.

In den Religionswirren des 16. Jahrhunderts wechselten die Landesherren, zu denen Wirschweiler gehörte, ihre Religionszugehörigkeit. Land und Leute wurden protestantisch. Aus der ehemals katholischen Kirche entfernte man alle Bilder und auch das Kreuz. Lange Zeit wurde es als Bachsteg benutzt. Seitdem kam viel Not und Elend über die Bewohner des Dorfes.

Ein Bauer, der die Ursache für die schwere Bedrängnis der Bevölkerung ahnte, wollte das entehrte Kreuz loswerden und lud es kurz entschlossen auf einen Wagen, spannte zwei Ochsen davor und jagte sie davon. Das führerlose Gespann fuhr über Feld und Flur bis nach Rapperath. Es machte an der Stelle halt, wo heute Kreuz und Kapelle stehen. Die Rapperather errichteten das Kreuz mit der überlebensgroßen Gestalt des Gekreuzigten und bauten später eine Kapelle darüber.

Auch die Menschen aus den umliegenden Dörfern verehren das alte Heiligtum in Bittgängen und Prozessionen. Aber die Rapperather und der Große Herrgott sind seit Jahrhunderten eins. Als zur Zeit der französischen Besatzung im Jahre 1800 die Rinderpest im Dorf ausbrach, machte die Bevölkerung folgendes Gelöbnis:

„Zeit den 14. Dezember, hat sich Bürgermeister und Vorsteher des Ortes Rapperath, einen Bittgang versprochen, bei das sogenannte heigen heysgen oder großer Herrgott, alle Jahre auf Maria Viktoria auf den Sonntag ohne Unterlaß gehalten. Dazudem auch haben sie eine pinnige Kerz dahin versprochen, welche Kerz von dem Bürgermeister oder einem Gemeindeglied dahin soll getragen werden mit Verwilligung des Herrn Pastor. Dieses alles haben wir bei diesen zequenten Zeiten versprochen."

Die Rapperather halten sich daran und gehen alljährlich am Ostersonntag zu ihrem Großen Herrgott, voran der Bürgermeister mit der Kerze.

Das Graue Kreuz

Hoch oben im Idarwald, wo der Kammweg die Straße Bruchweiler—Hinzerath kreuzt, dort trifft der Wanderer ein wuchtiges, altersschweres Eichenholzkreuz, das bekannte „Graue Kreuz". Zu Füßen des Kreuzes liegt ein klotziger Quarzitbrocken, ein alter Grenzstein des Hochgerichts Hottenbach. 1662 ist es bereits in einem Hottenbacher Weistum erwähnt: „Am Endweg stehet ein Markstein und ein hölzernes Kreuz dabei." Weitere Eintragungen in alten Akten finden sich nicht, aber der Volksmund weiß sehr ausführlich und lebendig zu berichten, warum dieses Kreuz vor Jahrhunderten errichtet wurde.

Es war nach der Verfolgung protestantischer Familien in Frankreich, nach der Pariser „Bartholomäusnacht" im Jahre 1572, als viele Franzosen um ihres Glaubens willen die Heimat verlassen mußten. Einige von ihnen fanden in den Wäldern des Hoch- und Idarwaldes ein neues Zuhause. Sie bauten sich Hütten im Wald und arbeiteten als Holzfäller oder Köhler, andere als Erzgräber oder Hüttenmänner.

Einer der französischen Flüchtlinge ließ sich mit seiner wunderschönen Tochter hier in der Nähe des alten Hottenbacher Grenzsteines nieder, baute eine Hütte und fand Arbeit als Köhler. Vater und Tochter lebten in der Abgeschiedenheit des großen Waldes glücklich und zufrieden.

Aber auch in der Tiefe des dunklen Waldes blieb die Schönheit des jungen Mädchens nicht verborgen. Viele Verehrer aus den umliegenden Dörfern, junge Bauernburschen, warben um die fremdländische Schönheit. Der stürmischste und hartnäckigste Freier war ein reicher Bauernsohn aus Bruchweiler.

Aber auch er fand wie alle übrigen keine Gegenliebe.

Ein junger Förster kam in die Gegend, traf das Mädchen, und beide entbrannten in inniger Liebe zueinander. Doch das Glück der beiden währte nicht lange. Der eifersüchtige, verschmähte Bauernbursche aus Bruchweiler lauerte den beiden Verliebten im Wald auf, erschoß sie und floh. Der Vater, der die Toten fand, war untröstlich. Er bettete das Liebespaar gemeinsam zur letzten Ruhe, errichtete über ihrem Grab ein wuchtiges Eichenkreuz und sann nur noch auf Rache. An der Mordstelle traf er den zurückgekehrten Mordbuben und erschoß ihn. Der gebrochene Mann verließ die Gegend.

Nach vielen Jahren fand man unter dem Kreuz einen toten Greis. Es war der alte Köhler, der zurückgekommen war, um am Grabe seiner Tochter die letzte Ruhe zu finden.

DER WILDE HARTO VON SOMMERBURG

In der Nähe des Dorfes Hinzerath soll in früheren Jahren die Stadt Sommerburg gelegen haben. Dort lebte auf seiner Feste Ritter Gottfried mit seinen beiden Söhnen Harto und Engelbrecht. Der alte Ritter war bei seinen Untertanen sehr beliebt. Man pries seine Leutseligkeit, seine Güte und Gerechtigkeit. In Zeiten der Not wandten die Leute sich vertrauensvoll an ihn, und stets zeigte er sich hilfsbereit. Sein starker Arm reichte weit, wenn es um den Schutz seiner Untertanen ging. Handel und Wandel blühten in Stadt und Land.

Sein ältester Sohn Harto war das genaue Gegenteil. Bösartig und grausam mißhandelte er die friedlichen Hirten und die fleißigen Bauern. Wenn er ausritt, zersprengte er den armen Hirten die Herde, ja, er tötete in roher Weise so manches Tier oder ließ die Saaten und Gärten der Bauern von den Hufen seines Pferdes verwüsten. Als einer der Geschädigten es wagte, sich bei seinem Vater Gottfried zu beschweren, setzte er ihm den roten Hahn auf die armselige Hütte.

Der jüngste Sohn Engelbrecht dagegen war die Freude und der Sonnenschein des alten Vaters. Oft hielt er dem wilden Bruder sein frevelhaftes Tun vor, erreichte damit aber nur, daß eine tiefe Kluft zwischen ihnen entstand. Als Engelbrecht den Vater bat, Harto von seinem schlimmen Weg abzubringen, ergrimmte der Bruder noch mehr, und sein Verhalten wurde noch ärger.

An einem sonnigen Frühlingstag spielte vor der Burg eine Schar Kinder, als Harto sich auf feurigem Rosse näherte und mit seinem wilden Tier mitten in den spielenden Kinderkreis sprengte. Schreiend stoben die Kleinen auseinander, doch das dreijährige Söhnchen des Torwächters blieb, von den Hufen des Pferdes zu Tode getroffen, liegen.

Engelbrecht hatte diesen Vorfall mit angesehen. Er saß am Krankenlager des sterbenden Vaters. Nach kurzem Bericht über die Untat seines Bruders eilte er hinab und nahm sich des sterbenden Kindes an. Aber als er wieder ans Krankenlager zurückkehrte, fand er den Vater tot im Bett. Groß war der Schmerz des Sohnes über den Tod des geliebten Vaters, aber auch über die Bosheit des grausamen Bruders. Als er ihm auf der Treppe begegnete, stellte er ihn zur Rede, machte ihm bittere Vorwürfe und legte ihm den jähen Tod des Vaters zur Last. Harto stürzte sich wild auf den wehrlosen Bruder und durchbohrte ihn mit seinem Schwert. So wurde er in wenigen Minuten zum Kindes-, Vater- und Brudermörder. Hohnlachend polterte er die blutigen Stufen hinab, irrte in den Stall, ließ sein wildestes Roß satteln und jagte aus dem Tor hinaus.

Er war noch nicht weit von der Sommerburg entfernt, als ihm ein alter Schäfer mit weißem wallenden Bart den Weg versperrte. „Fluch dir, du Mörder!“ schallte es dem wilden Reiter entgegen. „Nirgends sollst du Ruhe finden, bis der letzte Stein von der Burg deines Vaters abgetragen ist. Fluch, dreimal Fluch!“ Wutschnaubend riß Harto sein Schwert hervor und holte zu einem wuchtigen Schlag aus. Doch was war das? Klirrend fiel die Waffe zu Boden, wie gelähmt sank der Arm des Wüterichs hinab, schreckensbleich verfärbte sich sein Gesicht. Hier hatte ein Höherer eingegriffen. Zitternd vor Angst und Erregung gab er dem Pferd die Sporen und raste von dem Ort des Unheils. Der Hirte aber nahm das Schwert und stieß es bis zum Heft in den weichen Boden.

Wenn heute die Stürme um den Stumpfen Turm tosen, dann jagt der verfluchte Mörder, so sagt man, auf seinem wilden Roß umher und sucht sein Schwert. Er kann nicht eher Ruhe finden, bis der letzte Stein von diesem Turm heruntergefallen ist.

DER VERHEXTE ROSENKRANZ

In der Nähe des Ortes Morbach liegt ein Waldstück, das Friedwaldsbruch heißt. Dort steht eine Fichtengruppe mit dem Namen „Der verhexte Rosenkranz“. Ängstliche Gemüter überläuft heute noch ein gruseliges Schauern, wenn sie diese Stelle, besonders bei eintretender Dämmerung, begehen müssen. Der Volksmund berichtet folgende Sage von diesem Ort.

Am Hofe des Kurfürsten und Erzbischofs von Trier lebte dessen Nichte, ein jugendliches Fräulein voll Liebreiz und Schönheit. Streng wachte der kurfürstliche Oheim über ihren Wegen, in Zucht und Sittsamkeit wurde sie erzogen. Am Hofe stand auch ein junger Edelknappe in Diensten, der bald ein liebevolles Auge auf die heranblühende Jungfrau geworfen hatte. Dies blieb natürlich dem Kurfürsten nicht verborgen, er verbot die Liebschaft kurzerhand. Doch das liebende Paar hielt sich nicht an die Anweisungen des Erzbischofs, deshalb schickte der Kurfürst seine Nichte auf die Burg Baldenau im Hunsrück. Dort saß als Amtsverwalter ein alter Vertrauter, und bei ihm wähnte der Kurfürst das junge Mädchen in guten Händen.

Auf der Burg Baldenau fühlte sich die Jungfrau wie in der Verbannung. Weder das herrliche Dhrontal noch die Jagd im wildreichen Idarwald konnten sie reizen. Mit dem süßen Namen des Geliebten auf den Lippen erhob sie sich am Morgen vom Lager, bei ihm weilten ihre Gedanken über Tag, ihm galt der letzte Seufzer am Abend. Doch sie hatte ihrem Oheim das Versprechen gegeben, den Geliebten zu vergessen, und deshalb griff sie häufig zum Rosenkranz und ließ seine Perlen durch die Finger gleiten, wenn auch unter Tränen. Nach und nach tat der Rosenkranz seine Wirkung, das Bild des Liebhabers verblaßte allmählich im Herzen des Fräuleins. Der Burgvogt nahm die Sinneswandlung der jungen Maid wahr und gestattete ihr nun täglich einen Spaziergang in den nahen Idarwald. Gern und reichlich machte sie davon Gebrauch.

Der Knappe am Hofe zu Trier war über das heimliche Verschwinden seiner Angebeteten nicht wenig überrascht. Auf allen Schlössern und Burgen des Landes forschte er nach ihrem Aufenthalt, doch vergeblich. Mittlerweile hatte er den Ritterschlag erhalten, verließ den Hof zu Trier und trat bei seinem Freund, dem Vogt von Hunolstein, in Dienste. Dort hörte er von einem vornehmen Fräulein, das auf der nahen Baldenau ganz zurückgezogen lebe. Eine Ahnung überfiel ihn, dieses Mädchen wollte er unbedingt sehen. Fortan führte ihn sein Weg fast täglich in die Nähe der Burg Baldenau. Tatsächlich, das Glück war ihm günstig, er traf eines Tages die Gesuchte auf ihrem Spaziergang. Im ersten Schrekken des unverhofften Wiedersehens wandte sich das Mädchen zur Flucht, er aber hielt sie zurück, und ihre alte Liebe brach wieder auf. Fest umschlungen standen sie lange da und schworen sich ewige Liebe und Treue. Den Rosenkranz, den die Liebste noch in Händen hielt, warf der übermütige Ritter in einen nahen Fichtenbaum, wo er in den Ästen hängen blieb. Doch, o Wunder, die Perlen glühten wie kleine Kohlen. Die Liebenden bemerkten dies nicht. Spät trennten sie sich mit dem festen Versprechen, sich morgen und alle Tage an dieser Stelle zu treffen.

Das wiedererwachte Liebesverhältnis konnte nicht lange verborgen bleiben. Auch der Kurfürst erfuhr bald davon und befahl, seine Nichte von Baldenau fort an einen anderen Verbannungsort zu schaffen. Der junge Ritter ahnte das Vorhaben des Bischofs und wollte seine Geliebte vorher in Sicherheit bringen. Als die Liebenden sich wieder an ihrer Stelle im Wald trafen, wollte der Ritter das Fräulein zur Flucht überreden. Doch sie weigerte sich. Darüber geriet der junge Mann so sehr in Wut und Zorn, daß er sich völlig vergaß und seine Geliebte erschlug. Mit Schrecken stellte er fest, was er in seiner Verzweiflung angerichtet hatte. Um den Häschern zu entgehen, mußte er alle Spuren beseitigen. Auch den Rosenkranz wollte er vom Baum entfernen, kletterte hinauf, verbrannte sich aber an den glühenden Perlen die Finger und stürzte zu Tode.

Ein Jäger fand die beiden im Tode vereint unter dem Baum. Verwundert gewahrte er auch den brennenden Rosenkranz in den Zweigen. Seine Bemühungen, ihn herunterzuholen, wären beinahe auch ihm zum Verhängnis geworden. Erst der herbeigerufene Erzbischof konnte den Bann lösen und den Rosenkranz entfernen.

Die Schweden in Merscheid

Im Dreißigjährigen Krieg zogen die Schweden auch durch die abgelegeneren Gegenden des Hochwaldes und versetzten die Bevölkerung in Angst und Schrecken. Auch in Merscheid fürchtete man ihren Durchzug. Um Plünderungen und Brandschatzungen zu verhindern, ersannen die Bürger eine List.

Alles wurde vorbereitet, um das Dorf schnell mit der wertvollsten Habe verlassen zu können. Wachposten wurden aufgestellt, und als die Außenposten eilig zurücksprengten und das Herannahen der Schweden meldeten, begann sofort der Auszug aus dem Dorfe. Im Schutz der Dunkelheit verließen die Bewohner auf geheimen Wegen den Ort und verbargen sich in einem sicheren Waldversteck.

Eine Handvoll Männer jedoch blieb noch zurück und bereitete den Empfang der verhaßten Feinde vor. Türen und Fenster hängten sie aus, rissen die Tore der Scheunen und Ställe auf, verwüsteten einige alte Schuppen. Und wirklich sah es so aus, als ob hier bereits Feinde gewütet hätten. Dann verschwanden die Männer.

Nur ein alter Mann blieb zurück, stieg den Kirchturm hinauf und stellte sich auf die Brüstung des Schallochs, als die Schweden vom Rapperather Weg her einzogen. Hoch oben stand nun der Greis mit wirrem Haar und langem Bart, nur mit einem alten, schmutzigen Hemd bekleidet. Die Brust hatte er entblößt und den ganzen Körper mit Herdruß und Asche geschwärzt. Ein Bild des Jammers bot er den einziehenden Feinden. Mit heiser krächzender Stimme schrie er den Schweden zu: „Ho, ho, Pestilenz es do!"

Jetzt glaubten sie zu wissen, warum das doch wohlerhalten aussehende Dorf nicht eingeäschert war. Hier herrschte der „Schwarze Tod“, der seine Ernte gehalten zu haben schien, und eilig flohen die Schweden von dannen. Das Dorf Merscheid war gerettet.

Die Schatzhebung

Tiefe Dunkelheit und Grabesruhe liegt über dem Dörfchen Heinzerath. Feuchter Nebel umschleiert in dichten Schwaden die niedrigen, strohgedeckten Häuser. Nur aus einem kleinen Fenster des letzten Häuschens, dort, wo es zum Walde geht, dringt verstohlen ein matter Lichtschein.

Der Hurter Hannes sitzt hier hinter verhängtem Fenster im Sorgenstuhl und streckt die Füße gegen die wärmende Takenplatte. Obschon das Alter schwer auf seinen Schultern lastet, verrät die ganze Gestalt noch immer den einstmals kraftvollen Hochwaldbauern. Tirteyhose und blauen Leinenkittel trägt er, ein dicker Schal ist um den Hals geknotet, eine gestrickte Zipfelmütze bedeckt das graue Haupt. Aufgeregt schweift sein Blick in der spärlich vom zinnernen Öllämpchen erleuchteten Stube umher, gleitet über die vom Alter geschwärzten Eichenmöbel und den bunten Vorhang der Bettnische. Schon über eine Stunde sitzt der Hannes allein hier, die übrigen Hausbewohner haben sich „owenoff" zur Ruhe begeben. Nur das eintönige Ticken der Kastenuhr unterbricht die unheimliche Stille und Spannung.

Jetzt, da die Uhr die elfte Stunde schlägt, machen sich schlürfende Schritte vor dem Haus bemerkbar. Sie kommen näher und näher, über den lehmgestampften Hausflur zur Stubentür. Drei rüstige Männer treten in die niedrige Stube. Voran stapft der Ännerse Jupp, ihm folgt der Geifenbauer mit einer vierseitigen Holzlaterne, dann als letzter der Wilperts Kläs. Ungeheißen greift jeder Ankömmling nach einem Stuhl und setzt sich zum Hannes in die wohlige Wärme des Takens.

„Sind alle Lichter im Dorf aus?" beginnt der Hausherr die Unterhaltung. Als alle nicken, fährt er fort: „Es müssen aber unser fünf sein. Wißt ihr vielleicht noch einen, den man mitnehmen könnte?" Wilperts Kläs macht den Vorschlag, den Kuhhirten im benachbarten Gemeindehaus zu rufen. Der Geifenbauer nimmt die Laterne, verläßt sofort das Haus und kehrt bald wieder mit dem Hirten zurück.

Hurter Hannes weiht den Neuankömmling in ihr Geheimnis ein, das er mit den anderen bereits vor Tagen besprochen hatte. „Du hast sicher schon von dem goldenen Kalb gehört, das an der Römerstraße im Heidenpütz begraben liegt. Wir wollen es um Mitternacht ausgraben und heimholen. Wir müssen bald gehen, denn nur in der Stunde von zwölf bis eins kann es gefunden werden, und innerhalb von hundert Jahren auch nur an einem einzigen Abend. Heute ist der richtige Tag. Punkt ein Uhr müssen wir mit der Arbeit fertig sein. Nun aber das Wichtigste: Während dieser Stunde darf kein Sterbenswörtchen gesprochen werden. Ihr braucht nur auf mich zu achten. Ich werde mit einer Haselrute, die ich bei Junglicht geschnitten habe, die notwendigen Zeichen geben. Also haltet den Mund, bis wir wieder zu Hause sind!" Damit greift er hinter den Vorhang der Bettnische und holt eine lange Rute hervor. Noch einige kurze Fragen hin und her, dann sagt Hannes zum Schluß: „So, dann wollen wir gehen!" und bläst die Öllampe aus.

Die Männer schleichen aus dem Haus. Aus dem Schuppen nehmen sie Hacke und Schaufel mit, die der umsichtige Hannes zeitig bereitgestellt hatte. Der stumme Nachtmarsch beginnt, allen voran der Hannes mit seiner langen Rute. Bald sind sie an der Römerstraße, und der Hannes mahnt sie noch ein-

mal eindringlich, ab sofort nicht mehr zu sprechen. Da hört man auch schon aus der Ferne das Horn des Nachtwächters. Mitternacht ist es, die Geisterstunde hat begonnen; nun muß gehandelt werden!

Der Alte gibt mit der Rute die Stelle an, wo der Schatz liegen soll. Der Geifenbauer greift zuerst an, reicht dem Wilperts Kläs die Laterne und gräbt drauflos. Ännerse Jupp schaufelt das aufgelockerte Erdreich beiseite. So wühlen sich die heimlichen Schatzgräber verbissen in den harten Boden, stumm und voller Erwartung.

Plötzlich ein dumpfer Schlag, Funken sprühen! Ängstlich weichen die Männer zurück. Da war etwas! Vorsichtig scharren sie einen vierkantigen Steinsarg frei. Erregte Gesichter spiegeln sich im matten Schein der Laterne. Doch Hannes läßt ihnen zum Verwundern nicht viel Zeit. Mit seiner Wünschelrute treibt er zur Eile, deutet nach Hause. Ein kräftiger Ruck, noch einer, und die schwere Last liegt auf den Schultern der vier Schatzgräber. Der Hurter Hannes schreitet dem schlafenden Dorfe zu, gefolgt von den anderen mit dem unermeßlichen Schatz. Wieder gibt die Rute stürmische Zeichen, die Träger beflügeln die Schritte, doch so schnell, wie der Alte es will, geht es nicht. Einer stößt mit dem Fuß an einen Stein, er muß nachfassen. Die anderen kommen dabei aus dem Gleichgewicht. Nur noch mühsam geht es weiter auf dem holprigen Weg. Am meisten keucht der Hirte, der scharfkantige Stein schneidet ihm in die Schulter. Hannes merkt das alles wohl, aber er muß seine Gefährten zur Eile antreiben.

Plötzlich wird es dem Hirten schwarz vor den Augen, er wankt, stürzt zu Boden und ruft: „Eich kann nett meh!" Kaum sind ihm die unheilvollen

Worte entschlüpft, da tönt durch die Stille das Horn des Nachtwächters: „Eins!“ Die Geisterstunde ist vorüber, der Sarg mit dem wertvollen Schatz verschwunden! Fluchend und wetternd wirft der Alte die Rute beiseite und fällt schimpfend über den keuchenden Hirten her, doch damit kann er den Schatz auch nicht mehr herbeischaffen.

Viele Jahre sind seitdem vergangen. Kein Mensch weiß das Jahr, kennt die Nacht, in der das goldene Kalb an der Römerstraße wieder gehoben werden kann.

Die Glocke von Schauren

Im Turm der Kirche von Schauren hängt eine Glokke aus dem Jahre 1480 mit folgender Inschrift: „Matern heissen ich — alle ungeweder verdriben ich — clais von echternach goes mich anno domini MCCCCLXXX." Von dieser Maternusglokke erzählt man sich folgende Sage:

Unterhalb des Dorfes Schauren stand einst in der Nähe der Liebfrauenmühle ein Frauenkloster. Jenseits der bewaldeten Höhe ließen sich zur selben Zeit auf dem Hellertshauser Bann, in der heutigen Flur „Bastert", Mönche nieder und errichteten ein Kloster. Zwischen diesen beiden Klöstern bestand ein unterirdischer Gang, durch den Mönche und Nonnen sich gegenseitig besuchten und die Freuden des irdischen Daseins auskosteten.

Das allzu weltliche Treiben des geistlichen Standes nahm mit der Zeit überhand, Sitte und Moral verfielen, die einst abgelegten Gelübde galten nichts mehr. Die beiden Klöster waren ein einziges Sodom und Gomorrha. Die strafende Hand Gottes ließ nicht lange auf sich warten. Beide Klöster starben zur gleichen Zeit aus, die Gebäude standen leer und zerfielen. Unter den Trümmern des Liebfrauenklosters wurde auch die große Maternusglocke begraben.

Viele Jahre gingen ins Land. Die heilende Zeit verhüllte selbst die letzten Mauerreste der lasterhaften Klöster mit dem Mantel des Vergessens. Kein Stein erinnerte mehr an das unsittliche Leben der Mönche und Nonnen. Gras und Baumgestrüpp überwucherten die unheilige Stätte.

Eines Tages hütete der Schweinehirt von Schauren in dieser Gegend seine Herde. Groß war sein Erstaunen, als die Schweine eine Glocke freiwühlten. Es war die Maternusglocke. Im Triumph führten die Dorfbewohner die Glocke in den Ort und hängten sie in ihrer Kirche auf.

Dort ruft sie bis auf den heutigen Tag die Gläubigen zum frommen Gebet, begleitet sie mahnend ihr Leben lang, bei freudigen und traurigen Anlässen.

Der unehrliche Wirt

Vor langer, langer Zeit stand in einem Dorfe am Fuße des Idarwaldes ein Wirtshaus, das besonders gern von den Fuhrleuten besucht wurde, die aus dem nahen Wald das Holz holten. Mensch und Tier erholte sich hier von schwerer Arbeit oder stärkte sich für das harte Tagewerk.

Barthel, der schlitzohrige Wirt, wußte seine Gäste stets gehörig zu schröpfen, ob in seiner verrauchten Stube oder im windschiefen Stall. Den Pferden nahm er den Hafer aus der Krippe und gab ihnen dafür Häcksel, den Fuhrleuten setzte er mit reichlich Wasser gepanschten Wein vor, den Schnaps verdünnte er nach Belieben. Wagte einer der Gäste, sich zu beschweren, so fuhr er ihn grob an und beteuerte hoch und heilig seine Ehrlichkeit.

Als der Spitzbube gestorben war, fand er jedoch in seinem Grabe keine Ruhe. Jede Nacht, Punkt 12 Uhr, öffnete sich sein Grab, und er stieg hervor und schwebte auf die Waldeshöhe, wo die Fuhrleute, die er in seinem Leben betrogen hatte, früher das Holz geholt hatten. Dort sauste er durch die Wipfel der hohen Bäume und krächzte: „Drei Schoppen Wasser und ein Schoppen Wein geben auch ein Maß!" Dazwischen hörte man auch den Ruf: „Hupp, hupp, Hafer!" Sobald die Geisterstunde vorüber war, verließ er den Wald und kehrte in sein Grab zurück.

Eines Tages hörten die Leute aus Siesbach, die nachts im Walde das Vieh hüteten, die unheimlichen Schreie und Rufe des Wirtes und erzählten davon den Leuten im Dorf. „Das ist der unehrliche Barthel", sagten die Alten, „der findet im Grab keine Ruhe!" Neugierig gingen nun die Siesbacher des Nachts in den Wald, um den Barthel zu hören. Um

Mitternacht begann ein gespenstisches Rauschen in den Wipfeln der Bäume. Barthel flog durch die Lüfte, riß hier Äste ab, packte dort einen Menschen, hob ihn hoch und trug ihn durch die Luft, setzte ihn aber unversehrt an einer anderen Stelle wieder ab. So trieb er in seiner Ruhelosigkeit manchen Schabernack, ließ ab und zu seinen gellenden Ruf vom Wein und Hafer erschallen und verschwand pünktlich am Ende der Geisterstunde.

Noch viele Jahre, so erzählen die Siesbacher, fand der unehrliche Barthel keine Ruhe, so lange nicht, bis er für seine Sünden gebüßt hatte. Aber noch heute nennt man den Berg, an dem er umging, den Barthelskopf, wohl als Warnung für unredliche Wirte.

Der Königsstein

An der Straße von Rhaunen nach Stipshausen, etwa 850 Meter westlich des alten Amtsortes, steht ein altersgrauer Quarzfindling, der in Mannshöhe aus der Erde ragt.

Verwittert durch jahrtausendlange Unbill der Natur grüßt der steinerne Zeuge aus grauer Vorzeit. Königsstein nennt man ihn im Volksmund, als Königsstein ist er auch in amtlichen Karten vermerkt.

Hier, so erzählt die Sage, liegt Attila, jener legendenumwobene Hunnenkönig, begraben. Als er auf seinem Zug durch den Hunsrück starb, betteten die Getreuen ihren geliebten König an dieser Stelle und setzten den mächtigen Stein als Totenmal an die Stätte seiner letzten Ruhe.

Einst war der Königsstein von rauschenden Wäldern umgeben, heute ist der Wald zurückgedrängt. Damals, so heißt es, diente der Königsstein auch als Kultstein, auf dem den Göttern geopfert wurde. Beerensucher legten hier einige Beeren als Opfergabe nieder, um die Waldgeister gnädig zu stimmen, denn allzu gern neigten sie zu Schabernack und Neckereien. Durch eine Gabe versöhnt, ließen sie den Geber unbelästigt nach Hause gehen, ohne daß er die Beeren verschüttete.

Die Waldgeister sind heute besänftigt, König Attila hat seine Ruhe, auch wenn lebhafter Verkehr an seiner letzten Stätte vorbeiflutet. Mancher Ort im Hunsrück glaubt, die Ruhestätte Attilas zu besitzen, ob sie jedoch hier ist, weiß niemand, aber es geht eine eigenartige Stimmung von dieser Stelle aus, von einer Stelle, an der Jahrtausende lebendig werden können.

Geheimnisumwittert steht er da, der Königsstein bei Rhaunen, aber von seiner Herkunft und seiner Bedeutung gibt er nichts preis.

RETTUNG AUS RÄUBERHAND

Es war vor mehr als tausend Jahren. Ein entlassener Söldner zog damals durch das Nahetal und versuchte, auf eigene Faust hier und da Beute zu machen. Auf seinen Streifzügen kam er auch nach Niederbrombach. Aber in dem kleinen Dörfchen war nicht viel zu holen.

Verärgert ritt er zwischen den armseligen Lehmhütten hindurch, schaute links und rechts und dachte dabei schon an einen nahen Gutshof, den er ausrauben wollte. Plötzlich stand ihm am Ende der Siedlung ein Junge im Wege, der ihn frech musterte. „Wie heißt du?“ fragte er. „Adelmann“, antwortete der Kleine keck, „ich wohne dort drüben! Wer bist du? Du siehst ja aus wie ein Räuber.“

Der Fremde stieg von seinem Pferd, schaute sich nach allen Seiten um, sah niemanden und ging auf das Kind zu. Im Nu hielt er ihm die Hand vor den Mund, packte es und ritt mit ihm in scharfem Ritt davon. Niemand hatte die Entführung bemerkt.

Quer durch den Hunsrück ging der Ritt. Geschickt vermied der Entführer menschliche Siedlungen, kam auch ungehindert bis nach Trier. Hier ritt er über die Moselbrücke, Adelmann vor sich auf dem Sattel. Der Junge schaute hinüber zum Kloster St. Maximin. Inbrünstig flehte er zum Schutzheiligen dieses Klosters, er möge ihn aus den Händen des Räubers befreien.

„Warum bist du so böse, Kriegsmann?“ rief er plötzlich lauthals, daß alle Leute ihn ringsum hören konnten. Der Räuber bemerkte die vielen Menschen auf der Brücke und versuchte, dem Knaben den Mund zuzuhalten. Der Junge wehrte sich und schrie noch lauter um Hilfe. Schließlich schlug der

Entführer auf ihn ein, dabei kam sein Pferd ins Stolpern und stürzte. Der Reiter fiel kopfüber in die Mosel und ertrank.

Der Junge blieb unverletzt auf der Brücke stehen. Dann lief er ins nahe Kloster St. Maximin und erzählte den Vorfall dem damaligen Abt Wicker. Der Abt dankte Gott für die wunderbare Rettung des Kindes und gab es seinen Eltern wieder zurück.

Als Kaiser Otto sich in Trier aufhielt, trug der Abt ihm die Rettung des kleinen Jungen Adelmann vor. Der Kaiser ließ am 12. August 963 eine Urkunde darüber ausfertigen, die uns heute noch die wundertätige Hilfe des heiligen Maximinus bezeugt.

Der Traum vom Schatz auf der Koblenzer Brück

Einst hatte ein Bauer aus Alt-Rinzenberg, einem kleinen Dorf im Birkenfelder Land, einen wunderlichen Traum. Eine feine Stimme, zart und voller Musik, flüsterte ihm zu:

Zu Koblenz auf der Brück
da findest du dein Glück.

„Träume sind Schäume", redete er sich ein und vergaß die ganze Sache. Aber in der nächsten Nacht träumte ihm das gleiche wieder. Als er ein drittes Mal die Stimme im Traum vernahm, wurde er hellhörig und sprach mit seinen Angehörigen darüber. Diese ermunterten ihn, der Angelegenheit doch auf den Grund zu gehen. So machte er sich auf den langen Weg nach Koblenz, um das Glück zu suchen.

Auf der Koblenzer Brücke marschierte er auf und ab, von einem zum anderen Brückenende hin- und herpendelnd, doch nichts geschah. Vom Glück, das er hier finden sollte, war keine Spur. Die Stunden zerrannen, die Mittagssonne brannte, und das Glück wollte sich immer noch nicht einstellen.

„Das Traumbild hat mich wohl geneckt", meinte er, „aber ich werde noch ausharren, vielleicht kommt das Glück etwas später." Doch nicht das Glück kam, sondern ein kräftiger Regenschauer ging nieder. Nun kam der erste Ärger auf, Ärger über die unnötigen Ausgaben, über die beschwerliche Reise nach Koblenz, und das alles wegen eines blödsinnigen Traumes!

„Nein, jetzt habe ich genug, jetzt nichts wie heim in den Hochwald!" sagte er sich und wollte schon weggehen. Ein Soldat der Brückenwache, der den wunderlichen Wanderer auf der Brücke schon eine ganze Weile beobachtet hatte, sagte sich: „Dem Bauern dort hat es bestimmt ins Gehirn geregnet, oder die Sonne hat seinen Verstand völlig ausgetrocknet. Mal hören, warum der den ganzen Tag hier auf und ab marschiert.“

„He, du unruhiger Brückenwanderer, was suchst du eigentlich hier schon den ganzen Tag?“ „Ach“, sagte der Bauer, „ich träumte dreimal hintereinander:

‚Zu Koblenz auf der Brück,
da findest du dein Glück!‘

und nun laufe ich den ganzen Tag hier auf und ab, aber vom versprochenen Glück war nichts zu sehen.“ Da brach der Soldat in schallendes Gelächter aus und sagte: „Auf Träume kannst du wirklich nichts geben. Ich träumte neulich zum Beispiel immer wieder, in Rinzenberg liegt hinter einem verfallenen Haus in einem alten Brunnen ein Kessel, gefüllt mit Gold. Siehst du, ich habe überall nach Rinzenberg gefragt, aber niemand kennt das Nest, das gibt's nämlich gar nicht! Soviel wert sind Träume. Bedenk es und mach dich nach Hause!“

Der Mann aus Rinzenberg murmelte etwas Unverständliches, verabschiedete sich kurz und hatte es plötzlich sehr eilig, von hier wegzukommen. Der weite Heimweg fiel ihm gar nicht mehr schwer, beschwingt eilte er seinem fernen kleinen Dorfe zu. Das beschriebene Haus mit der zerfallenen Zisterne kannte er, es war sein Vaterhaus.

Tatsächlich! Zu Hause angekommen, fand er an der Stelle, die der Soldat ihm angegeben hatte, den

Schatz. Er hob ihn, wurde reich und verließ sein ärmliches Heimatdorf. Am Eberswalde, nahe bei dem damals schon bekannten Sauerbrunnen, erbaute er drei überaus massive Häuser und gründete so Neu-Rinzenberg. Heute noch besteht der Ort unter dem Namen Rinzenberg. Die Bewohner sollen ehemals sehr reiche und wohlhabende Handelsleute gewesen sein, während Alt-Rinzenberg nach und nach verfiel und schließlich ganz verschwunden ist.

Von dem Ort Alt-Rinzenberg weiß man heute nur noch ungefähr die Stelle, wo er einstmals gestanden hat.

Das Harzer Männchen

Die Harz ist ein enges Waldtal, das steil von Berschweiler zum Fischbachtal abfällt. Noch vor hundert Jahren war das Tal versumpft und schwer zugänglich.

Einst lebte hier ein armer Holzhacker mit seiner großen Familie. Täglich ging er mit seiner Axt in den Wald, aber bei allem Fleiß verdiente er kaum genug, um die hungrigen Mäuler seiner vielen Kinder zu stopfen.

Er arbeitete eines Tages nahe am Harzer Bach. Als er gerade eine Erle schlagen wollte, prallte die Axt beim ersten Hieb vom Stamm ab, fuhr ihm aus der Hand und flog in das Wasser. Erschrocken ging der Mann zum Bach, stieg hinein und suchte zwischen den Steinen nach der Axt. Doch was war das? Er konnte sie nicht finden! Sorgfältig tastete er im Wasser nach seinem Arbeitsgerät. Schließlich setzte er sich müde auf einen bemoosten Stein. Wie sollte er nun seiner Arbeit nachgehen können? Er dachte an seine große Familie, an die Kinder, und völlig verzweifelt kamen ihm die Tränen. Wer konnte ihm in seiner Not helfen?

Nachdenklich saß er da, schaute starr ins vorbeifließende Wasser, als etwas seine Aufmerksamkeit weckte. Da platschte es im Bach, und ein Hutzelmännchen stand plötzlich vor ihm. Das hatte er noch nie gesehen. Es war ein Harzer Männchen, naß, in ausgefransten Hosen und abgetragener Jakke, mit einem spaßig aussehenden grünen Hut und einem langen, verfilzten Bart.

Zutraulich kam es auf den Mann zu und fragte mitfühlend: „Was hast du? Ich habe dich schon oft in diesem Wald gesehen, aber so traurig wie heute

warst du noch nie. Ich bin das Harzer Männchen und helfe gern guten Menschen, die in Not geraten sind.“

Dem armen Holzhauer kam das Männchen vertraut vor, obwohl er es noch nie gesehen hatte. „Ich habe meine Axt verloren“, sagte er, „als ich vorhin diesen Baum fällen wollte, flog sie mir aus der Hand und ist im Bach verschwunden. Ich kann sie nicht mehr finden.“

Wortlos ging das Männchen weg, kam aber sogleich mit einer zierlichen kleinen Axt aus purem Gold zurück. „Ist es diese?“ fragte es mit seiner piepsenden Stimme. Der Holzhauer war erstaunt, sah nur nach der Axt und sagte traurig: „Nein, das ist sie nicht. Meine war eine ganz gewöhnliche Axt, mit einem abgegriffenen hölzernen Stiel, eine ganz alte!“

Das Hutzelmännchen ließ die Axt ins Gras fallen, drehte sich um und rief noch: „Warte, die werden wir gleich haben!“ und hopste ins Wasser. Es dauerte etwas länger, bis es wieder herausgesprudelt kam, und wie ein nasser Frosch krabbelte es umständlich mit einer Axt ans Ufer.

Der Mann war aufgestanden, machte zwei Schritte auf den Zwerg zu und war sehr gespannt. „Ist sie das?“ krächzte dieser erwartungsvoll und schwang eine silberne Axt, die viel zu groß für seine kleine Hand war.

„Ach, Bachmännchen, nein“, sagte der Holzhakker traurig, „das ist eine silberne Axt, mit der kann ich keine Bäume schlagen! Meine war ganz einfach.“

Das Männchen legte die silberne Axt beiseite und tauchte wieder ins Wasser. Es dauerte lange. „Ob es nicht mehr wiederkommt?“ überlegte der Holzhauer. Zwei Äxte lagen vor ihm im Gras, die schön glänzten, aber mit denen er nicht arbeiten konnte. In diesem Moment tauchte das Männchen wieder auf, strampelte an Land und schleppte eine schwere Axt herbei, der man die Arbeit ansah.

Der Holzhacker erkannte seine Axt, strahlte über das ganze Gesicht und lief dem Hutzelmännchen entgegen. „Ja, das ist sie!" rief er und griff sofort danach und schwang sie vor Freude durch die Luft, als wollte er den ganzen Wald auf einmal abhacken.

Dem Männchen hüpfte das Herz, als es sah, wie der Mann sich freute. Als der Holzhacker sich endlich beruhigte, sagte das Harzer Männchen: „Du bist ein fleißiger und ehrlicher Mann. Ich schenke dir die goldene und die silberne Axt, sie sollen dir Glück bringen!"

Der Mann war überglücklich, nun hatte alle Not ein Ende. Er wußte gar nicht mehr, was er zum Dank stammelte. Aber das Bachmännchen war bereits in einem Felsenloch verschwunden, das heute noch direkt am Harzer Bach zu sehen ist.

Der Holzhauer lief schnurstracks heim, erzählte seiner Frau und den Kindern, was er erlebt hatte und legte als Beweis die beiden wertvollen Äxte auf den Tisch. Unfaßbar groß war die gemeinsame Freude.

Die Gold- und die Silberaxt verkaufte der Mann und erwarb dafür zwei Kühe. Täglich trieben die Kinder die Kühe in den Wald, achteten noch lange darauf, ob sie einmal dem Männchen begegnen würden. Aber es zeigte sich nie mehr.

Die Katze im Stiefel

Der kinderlose Wildgraf Heinrich von Schmidtburg hatte bereits den Höhepunkt seines Lebens überschritten und verbrachte einsam und verbittert die Tage auf seiner Burg im Hahnenbachtal.

Überraschend erhielt er mit der gesamten Ritterschaft der Umgebung einst eine Einladung von Wildgraf Johann von Dhaun zu einem geselligen Abend. Heinrich war trotz seines Alters einem kräftigen Trunk im Kreise tapferer Ritter nicht abgeneigt, aber er hätte die Einladung gern ausgeschlagen, wenn nicht gleichzeitig seine Unterschrift und sein Siegel zu einem wichtigen Vertrag seines Dhauner Vetters erforderlich gewesen wären. Als ältester Wildgraf sollte er für Johann von Dhaun als Zeuge bürgen.

Mit seiner Verwandtschaft unterhielt Heinrich seit langem keine freundschaftlichen Beziehungen mehr, besonders mit seinem Vetter Friedrich von Kyrburg lag er schon seit Jahren in bitteren Streitigkeiten. Schon ihre Väter waren verfeindete Brüder. Heinrich und sein Vater glaubte, ihre Linie sei bei der wildgräflichen Erbteilung benachteiligt worden.

Versöhnungsversuche zwischen den feindlichen Vettern lehnte Heinrich mit der schroffen Bemerkung ab: „Unsere Väter haben in Feindschaft gelebt und in Raub und Brand miteinander gestanden, und sie sind gestorben. Nichts soll mich hindern, die Feindschaft fortzusetzen!"

Doch die Zeit heilt manche Wunde. Mit zunehmendem Alter legte Heinrich seinen trotzigen Sinn ab, und mit Hilfe des Erzbischofs Balduin von Trier versöhnten sich die beiden.

Die Wildgrafen von Kyrburg und Dhaun zweifelten nicht daran, daß ihnen nach geltendem Recht die Erbschaft des kinderlosen Heinrich zufallen würde. Aber der Trierer Kurfürst Balduin bedrängte ihn schon seit langem, ihm die Schmidtburg und seinen Anteil an der ungeteilten Wildgrafschaft zu verkaufen. Bisher widerstand Heinrich den Verlokkungen des mächtigen Kirchenfürsten. Blutsbande und das Gefühl für das überlieferte Erbrecht erwiesen sich stärker als die Versprechungen des Bischofs.

So standen die Dinge, als Heinrich die Einladung auf Burg Dhaun erhielt.

Als er nach Dhaun kam, war bereits der ganze Adel der Gegend versammelt. Die Männer jubelten ihm zu, weil er ihnen nach langer Zeit wieder die Ehre seiner Gesellschaft erwies. Er erhielt den Ehrenplatz neben der Wildgräfin Hedwig, in deren Nähe auch sein Vetter Friedrich von Kyrburg saß. Dessen Gruß fiel allerdings weniger freundlich aus.

Die geschäftlichen Angelegenheiten waren schnell erledigt, und die Tafelrunde rückte näher zusammen. Der Monzinger Wein floß in Strömen, die Stimmung wurde lebhafter, und niemand dachte an die Heimkehr.

Gegen Mitternacht, die Frauen hatten sich längst zurückgezogen, wurde Heinrich müde, zog die schweren Stiefel aus und legte sich auf ein Ruhebett. Bald schlief er tief und fest, während die übrige Gesellschaft munter weiterzechte. Nur einer, der Kyrburger, beobachtete den friedlich Schlafenden. Plötzlich hatte er die Idee, seinem alten Gegner einen losen Streich zu spielen. Er wußte, daß Heinrich eine tiefe Abneigung gegen Katzen hatte.

Er trat zu den zechenden Rittern, verschaffte sich Gehör und entwickelte ihnen im Flüsterton seinen Plan. In seliger Weinlaune waren alle sofort mit dem Vorhaben einverstanden. Friedrich ließ eine Katze holen und steckte sie in den Stiefel des Schlafenden. Johann von Hunolstein lief in den Burghof und machte auf ein Zeichen mit den Knechten und Wächtern einen Höllenlärm, als ob ein Feind mit Übermacht vor den Toren stände.

Alle Ritter sprangen polternd auf und griffen zu den Waffen. Von dem Lärm und der Aufregung im Saal wachte Heinrich auf. Hastig griff er zu den Stiefeln und erschrak. Wahrhaftig, in seinem Stiefel kauerte eine Katze! Bleich schaute er in die grinsenden Gesichter der Zechkumpane. Sofort war ihm klar, wer ihm diesen üblen Streich gespielt hatte.

Sofort waren die Männer nüchtern, als sie Heinrichs zorniges Gesicht sahen. Sie suchten ihn zu beruhigen, umsonst! Erzürnt ließ er seinen Stiefel mit der Katze zurück, eilte ohne Gruß aus dem Rittersaal und sprengte in scharfem Ritt zurück zur Schmidtburg.

Noch in der Nacht schrieb Wildgraf Heinrich an den Bischof von Trier, er könne die Schmidtburg haben. Mit Tagesgrauen schickte er den Burgmann Berthold von Sötern nach Trier, um dem Kurfürsten die willkommene Botschaft zu bringen. Schon nach drei Tagen trafen die Unterhändler auf der Schmidtburg ein. Heinrich drängte auf schnelle Erledigung aller Formalitäten, denn er wußte, daß ihn bei ruhiger Überlegung der Entschluß reuen könnte. In kurzer Zeit war der Verkauf von allen Seiten bestätigt, und die Schmidtburg ging an Balduin über.

Die Wildgrafen von Dhaun und Kyrburg versuchten in drei Kriegszügen, ihr vermeintliches Erbe zurückzugewinnen. Aber was Kurfürst Balduin einmal hatte, gab er nicht mehr aus der Hand.

Die Kämpfe um die Schmidtburg hießen im Volksmund Katzenkrieg.

Der wilde Jäger

Einer der Wild- und Rheingrafen war ein leidenschaftlicher Jäger. Nichts liebte er mehr als seine wilde Jagd durch den Soon- oder Idarwald. In seiner Besessenheit vom edlen Waidwerk vergaß er Weib und Kinder, ja selbst Gott wurde ihm fremd, und er ritt lieber in den Wäldern umher, als zur Kirche zu gehen.

Es war am Morgen eines Festtages, die Glocken riefen die Gläubigen zur Andacht und zum Gebet in das Haus Gottes, da ritt mit lautem Geschrei der Wild- und Rheingraf, umgeben von seinen Freunden, begleitet von einer Schar Diener und Knechte, hinaus zur wilden Jagd. Und es wurde eine furchtbar wilde Jagd. Kreuz und quer über Äcker und Wiesen, durch Gärten und blühende Felder ging der verwegene Ritt. Das, was jedes Bauern Stolz, Freude und Hoffnung ist, blieb zerstampft und verwüstet zurück. Sogar mitten in eine Herde Schafe jagten die wüsten Gesellen, am Boden winselten blutend und zerrissen die Tiere.

Aufgescheucht flohen Hirsche und Rehe vor den schrecklichen Reitern zur Hütte eines Einsiedlers, gefolgt von der Meute. Der Eremit trat aus seiner Hütte, erkannte den Grafen und sprach mit erhobenen Händen: „Hier in meiner Gott geweihten Hütte sucht das gehetzte Tier Zuflucht. Verfolgt es nicht weiter, Herr Graf, kehrt um und gedenkt der Heiligkeit des Feiertages, denkt an Eure ewige Seligkeit!"

Aber der Graf schrie wütend: „Was kümmert mich die ewige Seligkeit, die Jagd ist meine einzige Seligkeit! Lieber will ich in alle Ewigkeit auf Erden jagen als im Himmel selig sein!"

Da verschwand des Klausners Hütte, dunkel wurde es rings umher, keine Spur mehr von den Freunden und Knechten. Allein war der Graf. Er wollte ins Horn stoßen, die Seinigen herbeirufen, aber aus dem Horn kam kein Ton. Eine unsichtbare Faust drückte den Grafen nieder, drehte ihm den Hals herum, und tot sank er zu Boden.

Heute noch reitet zur Nachtzeit der Wild- und Rheingraf durch die Wälder des Hunsrücks, mit dem Gesicht im Nacken. Verflucht ist er, zu jagen ohne Rast und Ruh bis zum Jüngsten Tage.

DAS BILDCHEN

Nordöstlich von Bundenbach liegt zwischen Hainbuchen versteckt ein Kapellchen, „Das Bildchen“, im Volksmund „Dat Bildsche“ genannt. In Scharen zogen früher die Bundenbacher allsonntäglich zu dieser Gnadenstätte. Besonders im Monat Mai wallfahrten fromme Beter auch aus den umliegenden Dörfern in Prozessionen zur Kapelle der Gottesmutter. Heute ist es dort stiller geworden. Doch zeugen die vielen Votivtäfelchen davon, daß Maria manches flehende Gebet erhört hat, so wie sie einst den Schieferbrechern der Grube Herrenberg geholfen hatte.

Es war vor mehr als hundert Jahren. Drunten am Abhang des Hahnenbachtales, der Schmidtburg gegenüber, sind schon seit Sonnenaufgang die Schieferbrecher bei der Arbeit. Mit Bohrer und Hammer treiben sie unter Tage lange Löcher in das widerspenstige Gestein, um es mit Pulver zu sprengen. Andere beladen kleine Eisenwagen, Hunte genannt, mit Schieferschutt, der als Abfall auf die Halde draußen gefahren wird.

Gerade schiebt ein Schlepper den Hunt auf den Schienen aus dem Innern des Stollens zum Ausgang, froh, wieder das Tageslicht zu sehen und frische Luft atmen zu können. An der Haldenkippe löst er das Gestänge zum Kippen, da schreckt ihn ein heller Lichtstrahl auf, ein Licht, in dessen Mitte die Gestalt einer Frau deutlich zu erkennen ist. Angetan mit einem langen weißen Gewand, das bis zu den Füßen wallt, in den Hüften durch ein hellblaues Band gerafft, so steht die Frau oben auf dem Felsen zwischen den Sträuchern. Bleich ist das Gesicht des Arbeiters, es versteinert, und mit weit geöffneten

Augen starrt er hinauf auf die Frau im Licht, die nur Maria, die Mutter Gottes sein kann! Wahrhaftig! Von Ehrfurcht ergriffen, verharrt er einige Augenblicke, unfähig, sich zu rühren. Erst nach einiger Zeit findet er wieder zu sich.

„Kommt! Kommt schnell!" schreit er und rennt aufgeregt zum Stollen. „Schnell! Kommt schnell!" ruft er wiederholt in den Berg. „Ich hab sie gesehen! Die Gottesmutter! Die Gottesmutter!"

Völlig außer Atem wiederholt er sein Rufen, bis die anderen Kumpel herbeieilen. „Na und?" fragen sie ihn draußen an der Halde, „was gibt's?" „Dort oben! Ja, dort habe ich sie gesehen!" beben seine Lippen, und er zeigt hinauf und schaut dann in die entsetzten Gesichter seiner Kumpel. Nichts, gar nichts scheinen sie zu sehen. Sie schauen ihn fragend, mitleidig an, so als wollten sie gerade in schallendes Gelächter ausbrechen über so viel Irrsinn.

Da grollt plötzlich aus dem Berg ein Donnern, ein Krachen und Bersten, ein orkanartiger Luftstoß bricht aus dem Stollen ins Freie. Die Erde bebt, der Berg hat seine Macht gezeigt, er ist eingestürzt. Dann wird es still, die Männer sind erblaßt, schauen einander schweigend an.

Die harten Schieferbrecher beugen das Knie, blicken zum Himmel auf, und über ihre zitternden Lippen kommt ein stilles Dankgebet. Am nächsten Morgen ist die gesamte Belegschaft beim Gottesdienst versammelt und dankt für die wunderbare Errettung.

An der Stelle, an der der Schlepper die Gottesmutter gesehen hatte, rammten die Männer einen Pfahl in die Erde und steckten obendrauf ein Madonnenbildchen. Schon wenige Zeit später wechselten sie den Pfahl durch einen Bildstock aus. Auf

Anregung eines Bundenbacher Pastors wurde einige Jahrzehnte danach die Kapelle aus heimischem Stein gemauert. Bis auf den heutigen Tag nennen die Bundenbacher diese Kapelle liebevoll „Dat Bildsche“.

Vom Soonwald ins Tal der Nahe

Wie der Teufelsfels auf den Lützelsoon kam

Es war vor vielen hundert Jahren, da fiel dem Teufel auf, daß aus Bundenbach schon lange niemand mehr zu ihm in die Hölle gekommen war. Darüber wunderte er sich sehr, er fand die Tatsache äußerst merkwürdig und bedenklich und wollte ihr unbedingt auf den Grund gehen. So etwas durfte nicht einreißen. Zunächst trug er seiner Großmutter den Sachverhalt vor. „Die Leute von Bundenbach werden gewiß auch so ein Gebetshaus erbaut haben und wollen jetzt von dir nichts mehr wissen. Lauf mal schnell hin, nimm einen ordentlichen Fels und zertrümmere damit die Kirche! Du wirst sehen, die Sache renkt sich wieder ein", riet die Alte.

Das ließ der Teufel sich nicht zweimal sagen, suchte sich einen mächtigen Felsbrocken und rannte los. Es war ein heißer Sommertag, so heiß wie selten auf dem Hunsrück. Der Teufel geriet ordentlich ins Schwitzen und Stöhnen. Auf der Höhe des Gebirges ging ihm die Puste aus, und er warf den Fels nieder und setzte sich darauf, um sich ein wenig zu erholen.

Plötzlich kam ein Weiblein hinter einer Wegbiegung hervor, sah den seltsamen Mann und traute ihm nichts Gutes zu. Der Teufel aber freute sich, endlich jemanden getroffen zu haben, den er nach dem Weg fragen konnte. Ausgesucht freundlich sprach er die Frau an: „Liebe, gute Frau, könnt Ihr mir den Weg nach Bundenbach zeigen? Wie weit ist es noch bis dorthin?"

„Lieber Herr", antwortete sie, „ich komme gerade von dort, das ist noch sehr weit. Da seht her", dabei öffnete sie ihren Korb, den sie im Arm trug, und hielt ihn dem feinen Herrn unter die Nase, „all die Schuhe und Schlappen habe ich schon durchgelaufen, so weit ist das!"

Der Teufel zog eine gräßliche Grimasse, ließ den Felsbrocken liegen und verschwand wütend im Wald. Das Weib aber war die Frau des Schuhmachers aus Bundenbach. In Wirklichkeit kam sie aus den Nachbardörfern und hatte dort bei der Kundschaft ihres Mannes die kaputten Schuhe abgeholt.

Der Fels, den der Teufel persönlich bis hierhin geschleppt hatte, liegt heute noch an dieser Stelle und wird im Volksmund „Teufelsfels" genannt.

DIE ZWEI RIESEN VOM LÜTZELSOON

Auf den Höhen des Lützelsoons hausten in altersgrauen Zeiten zwei mächtige Riesen. Der eine wohnte auf dem Teufelsfelsen, der andere auf dem benachbarten Rabenstein. Sie beherrschten die Menschen der ganzen Umgebung, forderten von ihnen knechtische Arbeit und unterwürfige Verehrung. Die Bewohner am Fuße des Lützelsoons litten hart unter der Knechtschaft der beiden Unholde, wagten es aber nicht, sich gegen sie aufzulehnen.

Eines Tages brach ein heftiger Streit zwischen den beiden Riesen aus. Jeder beanspruchte die alleinige Herrschaft über die Untertanen. Ein jeder versuchte, den anderen zu vernichten. Es kam zu einem gewaltigen Kampf. Die Erde dröhnte vom urigen Kampfgeschrei. Sie ergriffen riesige Felsbrocken und warfen sie nach dem Gegner. Uralte Bäume rissen sie aus der Erde und schleuderten sie wie Speere gegeneinander. Ängstlich verkrochen die Menschen sich in den umliegenden Höhlen. Lange währte der Kampf, aber keiner blieb Sieger.

Schließlich griff der Riese auf dem Teufelsfels zu einer anderen Waffe. Er blies den Wind in gewaltigen Stößen gegen den Rabenstein, um so den Widersacher zu vernichten. Der aber lachte nur höhnisch und rief: „Ist das alles, was du zu bieten hast? Ein paar morsche Bäume magst du wegblasen, aber nicht mich!“ Da packte den Riesen vom Teufelsfels ein so gewaltiger Zorn, und er blies mit solcher Macht, daß die Erde erzitterte und die Felsen ringsum bebten. Der Rabensteiner verlor das Gleichgewicht, er griff im Fallen noch nach einer jahrhundertalten Eiche und stürzte mit ihr in die Tiefe. An den Felsklippen zerschmetterte sein Haupt, und der Kampf war entschieden.

Noch heute glauben die Menschen am Lützelsoon, das Blasen des Riesen vom Teufelsfels zu vernehmen, wenn in den kalten Herbsttagen der Sturmwind über die Höhen fegt und an den Felsen des Bergkamms rüttelt.

DAS „BOORSTICKSMÄNNCHE" VON SIMMERN

Vor mehr als vierhundert Jahren, als Herzog Reichard zu Simmern regierte, mag es wohl geschehen sein, daß ein Mann namens Rickes am Weg nach Mutterschied heimlich einen Grenzstein versetzte. Daraufhin beanspruchte er den Nachbaracker, so wie die falsche Grenze es auswies.

Der Nachbar ließ sich jedoch nicht so einfach um sein Feld betrügen und ging vor Gericht. Auf Wunsch des Geschädigten grub man an der Stelle, an der früher der Grenzstein gesessen hatte, ohne jedoch einen Malstein zu finden. Als man allerdings tiefer in die Erde gelangte, wurden die „Geheimnisser", drei Wacken und drei Schlacken entdeckt. Rikkes aber schwor vor Gericht, er habe nichts an der Stelle verändert und erhielt das Land des Nachbarn gerichtlich zugesprochen.

Von Stund an ging eine merkwürdige Veränderung mit dem meineidigen Rickes vor. Er wurde menschenscheu und verschlossen, begann zu trinken und ging nicht mehr in die Kirche. Zu Hause führte er sich wie ein Tyrann auf, behandelte Weib und Kinder schlecht und drangsalierte das Vieh.

Es war an einem Sonntagabend, als seine Frau beim Licht einer Funzel in der Bibel las. Rickes trat zu ihr und blickte ihr über die Schulter ins Heilige Buch. Dort las er die Stelle aus dem Buch Zacharias: „So spricht der Herr, daß es soll kommen über das Haus derer, die bei meinem Namen fälschlich schwören!" Da stutzte er, schrie plötzlich laut auf und stürzte Hals über Kopf aus dem Hause in die dunkle Nacht.

Am anderen Tage spielten Kinder im Bürgerstück, einem Waldstück dicht vor Simmern, wo heute nur noch einzelne Nadelhölzer stehen. Dort entdeckten sie den Rickes an einem Baumast, tot und blau.

Seitdem ist es in diesem Waldstück nicht mehr geheuer. Nimmt jemand zwischen elf Uhr und Mitternacht seinen Weg durch das Bürgerstück, so springt ihm das „Boorsticksmännche" auf den Rükken und drückt ihm die Gurgel zu.

Wenn jemand das unheimliche Gespenst an der Stelle vorbeiträgt, an der einst der Malstein gestanden hat, dann ist der Rickes erlöst. Aber so einfach geht das auch nicht, denn nur der kann den Verdammten erlösen, der selbst ohne Fehler ist. Und weil das „Boorsticksmännche" bis heute noch niemanden gefunden hat, der ohne Fehl und Tadel ist, muß es weiterhin nachts umherstreifen und suchen, suchen...

Die Jungfrau vom Kloster Chumbd

Vor langer Zeit, als das Kloster Chumbd bereits verfallen war und nur Ruinen an frühere Tage erinnerten, kam ein junger Bursche zu später Stunde aus einem Nachbardorf zurück. Es war eine klare, laue Nacht, eine Nacht voller romantischer Geheimnisse.

Der Bursche nahm gerade die letzte Wegbiegung, erblickte die alte Klosterruine und blieb erstarrt stehen. „Ist dies ein Traumbild? Narrt dich die eigene Phantasie, oder ist es die liebliche Sommernacht, die dir diese Erscheinung vorgaukelt?“ Ein holdes Mädchen, eingehüllt in ein zartes, schleierhaftes, wie von Elfen gewebtes Gewand kam ihm entgegen. Nein, dieses Mädchen kannte er nicht, dieses holde Geschöpf stammte nicht aus seinem Dorf.

„Sei gegrüßt“, sagte das Mädchen freundlich, „ich möchte dich um Hilfe bitten, denn du bist der einzige Mensch, der mich erlösen kann. Ich finde in meinem Grabe seit undenklichen Zeiten keine Ruhe. Ich muß wegen einer alten Schuld zu nächtlicher Zeit umherwandern, doch du, du kannst mir helfen, du bist zur rechten Zeit geboren. Komm in der nächsten Nacht zur selben Stunde wie heute an diese Stelle. Ich werde einen goldenen Schlüssel bei mir tragen, den mußt du nehmen, durch ihn wirst du unermeßliche Schätze erschließen können, und mich wirst du dadurch erlösen. Für dich besteht keine Gefahr, dir kann nichts geschehen, nur Mut mußt du haben. Auch wenn ich in einer anderen Gestalt als jetzt erscheine, fürchte dich nicht, tu das, was ich dir gesagt habe. Du wirst reichlich belohnt werden.“ So sprach sie und verschwand.

Verwirrt blieb der Bursche allein zurück, versunken in seine Gedanken. Solch ein liebliches Mädchen hatte er noch nie gesehen. War das Wirklichkeit, oder hatten die berauschenden Eindrücke der lieblichen Sommernacht seine Sinne getäuscht? Nachdenklich ging er nach Hause.

In der folgenden Nacht kam er voller Hoffnung und Zuversicht an die gleiche Stelle. Kaum war er dort, erblickte er eine große Schlange, die sich aufgeregt vor ihm wand. Auf dem Kopf trug sie eine goldene Krone, und im Mund steckte ein kleiner Schlüssel. Zutraulich kam sie auf ihn zu, doch entsetzt fuhr der Bursche zurück. Nein, ihm fehlte der Mut, den Schlüssel zu ergreifen. Panikartig wandte er sich ab und wollte zurückrennen. Da stand plötzlich wieder das Mädchen vor ihm, die anmutige Erscheinung der voraufgegangenen Nacht.

Traurig und enttäuscht stand sie da und brach in bittere Tränen aus. „Du hast mich nicht erlöst, dir hat der Mut gefehlt. Jetzt muß ich solange warten, bis aus dieser Eichel auf der Erde ein Baum gewachsen ist, aus dem man eine Wiege zimmern kann. Erst das Kind, das in dieser Wiege liegen wird, kann mich erlösen, wenn es so alt sein wird wie du jetzt bist.“

Darauf verschwand die Jungfrau von Chumbd, und niedergeschlagen ging der Bursche nach Hause.

DIE GABEN DES BERGGEISTES

Rheingraf Johann von Kyrburg liebte es, in den weiten Wäldern des Hochwaldes zu jagen. Nach einer ausgedehnten Jagd streifte er einst ohne sein Gefolge ziellos umher, fand ein liebliches Plätzchen an einem rauschenden Waldbächlein und legte sich auf dem weichen Lager zu einer kurzen Rast nieder. Bald schlummerte er ein und hatte einen seltsamen Traum.

Ein Berggeist erschien ihm, reichte ihm drei kostbare Geschenke aus Jaspis, einen Becher, einen Löffel und einen Ring, und sprach: „Nimm diese drei Gegenstände und gib sie deinen Söhnen, aber präge ihnen fest ein: Solange die Gaben aus Jaspis erhalten bleiben, solange werden auch die Familien deiner Söhne blühen und herrschen. Doch merke und wisse, wenn sie zerbrechen, werden auch die Familien aussterben. Weise also deine Söhne darauf hin, daß sie und ihre Nachfahren sorgsam auf die Geschenke achten!“

Tatsächlich, als der Rheingraf Johann erwachte, lagen neben ihm die drei Gaben, von denen der Berggeist ihm im Traum gesprochen hatte. Ehrfurchtsvoll betrachtete er die Kostbarkeiten, verwahrte sie sorgfältig in seiner Jagdtasche und ritt nach Hause.

Als die Zeit gekommen war, nahm der Rheingraf die Verteilung seines Besitzes vor. Der älteste Sohn erhielt Herrschaft und Schloß Kyrburg, der zweite Dhaun und der jüngste Grumbach. Nun führte er die Söhne in ein besonderes Gemach. Auf einem Tischlein lagen die Geschenke des Berggeistes aus dem Hochwald. Der alte Rheingraf erzählte seinen Söhnen von der geheimnisvollen Herkunft der Gaben und schärfte ihnen die Worte der Verheißung und auch die der Warnung des Berggeistes ein. Dann reichte er jedem sein Geschenk. Der Kyrburger erhielt den Becher, der Dhauner den Löffel und der Grumbacher den Ring.

In der Familie des Kyrburger Rheingrafen wurde der Becher zunächst in Ehren gehalten. Von Geschlecht zu Geschlecht vererbte er sich, und mit ihm auch die mahnenden Worte des Berggeistes. Mehr als hundert Jahre gingen ins Land. Kriege und Notzeiten veränderten Land und Leute. Die Worte des Berggeistes aus dem Hochwald gerieten nach und nach in Vergessenheit, und schließlich nahm sie niemand mehr ernst. Als einer der Rheingrafen einst ein großes Fest gab, scheute er sich nicht, den Becher aus Jaspis holen zu lassen und aus ihm wie aus einem gewöhnlichen Gefäß zu trinken. Dabei glitt er ihm aus den Händen, fiel zu Boden und zerbrach. Bald darauf ging die Weissagung des Geistes in Erfüllung, denn die Söhne dieses Rheingrafen starben ohne Nachkommen, und die Linie der Kyrburger Rheingrafen erlosch.

Ähnliches geschah auf Schloß Dhaun. Zwar blieb der Löffel fast 200 Jahre im Besitz der Familie, aber die Erinnerung an die Herkunft und seine Bedeutung schwanden dahin. Die Worte des Berggeistes wurden weitergegeben, aber mit einem ungläubigen Lächeln abgetan. Zuletzt durften gar die Kinder den Löffel beim Spielen benutzen. Dabei entfiel er einmal einer kindlichen Hand und zerbrach. Die rheingräfliche Familie auf Schloß Dhaun starb aus.

Und zu Grumbach? Dort hatte der Rheingraf, der den Ring von seinem Vater erhalten hatte, Vorsorge getroffen, um ihn unversehrt der Nachkommenschaft zu erhalten. Er legte ihn in ein wertvolles

Kästchen und band ihn darin mit einem goldenen Faden fest. So wurde er von jedem Geschlecht als ein kostbares Kleinod dem folgenden mit Ehrfurcht übergeben.

Über 400 Jahre sind seitdem vergangen, und noch blüht das Geschlecht der Rheingrafen von Grumbach in den Fürsten zu Salm-Horstmar in Westfalen. Heute noch verwahren sie den Ring, den jener Berggeist aus dem Hochwald einst ihrem Ahnherren schenkte, sowohl als kostbares Erbstück wie auch als Garant für die Zukunft ihres Geschlechtes.

MARIA-RÄZENBORN

Bei Riesweiler im Soonwald liegt der Räzenborn, eine muntere Quelle, an der früher die großen Pilgerprozessionen, die von weit her über den Hunsrück kamen und zu dem wundertätigen Marienbild in der Klosterkirche zu Spabrücken wallfahrteten, Rast einlegten.

Es geschah vor langer Zeit. Wieder ruhte eine Pilgergruppe für eine kurze Weile im Schatten der Bäume um den Born. Als die Pilger wieder aufbrachen, blieb unbemerkt eine Frau zurück. Von dem langen Fußmarsch ermüdet, schlief sie während der Rast ein. Ihre quälenden Gedanken verließen sie auch nicht im wohltuenden Schlaf. Ihr krankes Kind, das zu Hause lag, ging ihr nicht aus dem Sinn. Alles hatte sie versucht, die Ärzte waren hilflos und wußten keinen Rat mehr, die alten überlieferten Hausmittel wirkten nicht, und nun war sie unterwegs zur wundertätigen Muttergottes in Spabrükken, ihrer letzten Hoffnung auf Hilfe.

Im Traum erschien ihr Maria und deutete auf den klaren Quell. Ganz deutlich vernahm sie eine leise, aber klare Stimme: „Nimm von diesem Wasser, es ist die rechte Arznei für dein Kind!“

Erschrocken fuhr die Frau hoch. Wo waren die übrigen Pilger? Was war geschehen? Da hörte sie neben sich den Born rauschen, und der Traum kam ihr ins Bewußtsein. Voll Vertrauen nahm sie das Pilgerfläschchen, füllte es mit der frischen Gottesgabe der Quelle und ging heim zu ihrer kranken Tochter.

Das Kind lag im Sterben, schien hoffnungslos verloren, doch ihr Glaube und ihre Zuversicht waren stärker als der drohende Tod. Die Frau dachte nur an die Stimme im Traum und flößte behutsam der Sterbenden das Wasser ein, Schlückchen für Schlückchen. Plötzlich schlug das Kind die Augen auf und lächelte. Ehe noch der Tag vergangen war, sprang das Mädchen auf und lief wie früher umher.

Schnell verbreitete sich die Kunde von dem Wunderborn bei Riesweiler. Die Menschen strömten aus allen Richtungen herbei und schöpften das heilende Wasser. Bald entstand hier ein Kirchlein und eine Einsiedelei. „Maria-Räzenborn", so genannt nach dem Ranzen, den die Pilger auf dem Rücken trugen, wurde ein Wallfahrtsort, an dem die Menschen Heil und Genesung suchten.

DIE ERBAUUNG DER FELSENKIRCHE

Hoch auf den Felsen über Oberstein ragen die Ruinen einer alten Burg zum Himmel. Hier lebten vor über 500 Jahren die Brüder Wyrich und Emich einträchtig in der väterlichen Burg.

Eines Tages lernte Emich die liebliche Tochter des Ritters von Lichtenberg kennen und lieben. Die Herzen der beiden fanden zueinander, und der alte Herr von Lichtenberg gab den Liebenden seinen väterlichen Segen. Doch vorerst blieb die Liebe des jungen Paares ein stilles Geheimnis.

Während einer längeren Reise Emichs kam nun auch Wyrich auf einem seiner Jagdzüge zur Burg Lichtenberg, kehrte dort ein und wurde herzlich aufgenommen. Hier erblickte er Bertha, nicht ahnend, daß sie die Verlobte seines Bruders Emich sei, und verliebte sich in die junge Schönheit. „Diese muß die Meinige werden!" war sein fester Entschluß, als er die Burg Lichtenberg verließ.

Emich, von seiner Reise zurückgekehrt, konnte sein Glück nicht länger verbergen und erzählte dem Bruder von seiner großen Liebe zu Bertha. „Ihr Vater hat bereits sein Jawort gegeben, und bald treten wir vor den Traualtar", sagte er. Da verzerrten sich Wyrichs Gesichtszüge furchterregend. Wutentbrannt und rasend vor Eifersucht, seiner Sinne nicht mehr Herr, packte er den Bruder, schleppte ihn ans Fenster und stürzte ihn mit übermenschlicher Kraft in den Abgrund.

Auf einem Felsvorsprung in halber Höhe über der Nahe fand man die zerschmetterte Leiche und setzte sie in der Kapelle „auf dem Kreuze" bei. Auf Burg Lichtenberg zog unsägliche Trauer ein, Trauer, die das gramgebeugte Herz des alten Ritters für immer brach. Seine Tochter suchte Trost und Ruhe in einer Klause am Fuße des Disibodenberges. Aber das junge Leben war geknickt, und bald verkündete das zinnerne Glöcklein der Klause, daß hier ein gebrochenes Herz seine ewige Ruhe gefunden hatte.

Wyrich verließ die Burg seiner Väter. Ruhelos zog er durch die Welt, stürzte sich wagemutig in Schlachtgetümmel, brach in das Heilige Land auf oder suchte die Stille eines Klosters, aber nirgends fand er Ruhe und Einkehr. Nach Jahren unsteten Umherirrens kehrte er bei den Mönchen auf dem Disibodenberg ein und bekannte reumütig seine große Schuld. Der Abt legte ihm als Buße auf, an der Stelle, an der sein Bruder auf dem Felsen zerschmetterte, mit eigener Hand das Gestein auszumeißeln und in der Höhlung ein Kirchlein zu erbauen.

Wyrich kehrte heim und erfüllte das Gebot des Abtes. Ohne fremde Hilfe grub er sich in den Felsen ein, Stück für Stück. Langsam erfüllte ihn eine innere Ruhe, und die frohe Erwartung der Lossprechung von seiner schweren Schuld trieb ihn unermüdlich in seiner harten Arbeit weiter. Endlich kam der langersehnte Tag. Das Kirchlein war fertig, die Arbeit vollendet. Ein Mönch vom Disibodenberg kam, um das Gotteshaus einzuweihen. Er sprach ihn frei von aller Schuld, und in diesem Augenblick sank Wyrich tot vor den Füßen des Priesters nieder. Hier in der Felsenkirche fand er mit seinem Bruder seine letzte Ruhestätte vor dem Altar.

Der Affe zu Dhaun

Hoch über dem Tal des Simmerbaches, der aus dem Hunsrück zur Nahe hinfließt, prangt auf einem Bergsporn das stolze Schloß Dhaun. Die Wild- und Rheingrafen, ein mächtiges und wohlhabendes Geschlecht, herrschten einst von hier über große Teile des Hunsrücks. Über dem Torbogen des Rittersaales findet man ein wunderliches Bild in roten Sandstein gehauen, das von der Sage folgendermaßen gedeutet wird:

An einem Sommertage saß die Wärterin mit einem kleinen Grafenkind im Garten der Burg. Die wohlige Wärme, die beruhigende Stille der umliegenden Wälder und der friedlich in der Wiege schlafende Knabe mögen auch auf die Amme einschläfernd gewirkt haben. Sie fiel in einen leichten Schlummer. Als sie aufwachte, galt ihr erster Blick dem Kind in der Wiege. Doch, o Schreck, die Wiege war leer, das Kind verschwunden. Ratlos rannte sie hin und her, lief durch den Garten, suchte hier und dort. Aber von dem Kind des Grafen keine Spur! Jammernd verließ sie den weiten Garten, lief voller Verzweiflung durch den nahen Wald, suchte aufmerksam nach dem Kind. Ohne das hilflose Baby traute sie sich nicht zum Schloß zurück, und ihr Weg führte sie immer tiefer in den Soonwald hinein.

Plötzlich blieb sie wie erstarrt stehen, traute ihren eigenen Augen nicht, doch dann löste sie sich und rannte drauflos. Auf weichem Moos unter einem schattigen Baum lag der kleine Junge mit einem Apfel in der Hand und schlief sanft. Neben ihm saß der Affe des Grafen, den er einst aus dem Morgenlande mitgebracht hatte.

Überglücklich hob die Amme das schlafende Kind in ihre Arme und eilte sofort zum Schloß zurück. Dort hatte man die Wärterin und das Kind bereits vermißt und suchte aufgeregt nach den beiden. Schnell schlugen Trauer und Klagen in Freude und Jubel um.

Der Graf aber ließ zum Andenken an dieses Ereignis den Affen, der dem Kinde einen Apfel reicht, in Stein hauen und an jenem Torbogen anbringen.

Die Diebe im Burgturm von Dhaun

Einst wurden im Hunsrück zwei Strauchdiebe gefangen und im Burgturm von Dhaun eingesperrt. Hier sollten sie auf ihre Verurteilung warten. Das finstere Verlies im Turm an der Ringmauer war keine gastliche Stätte. Brot und Wasser, mehr nicht, reichten die Wärter den Gefangenen. Der kalte, felsige Boden jedoch war reichlich mit Stroh bedeckt, wenigstens eine kleine Wohltat in der tiefen Dunkelheit. Aber dieses Stroh brachte die beiden Gesellen auf eine pfiffige Idee.

„He, Wärter", rief einer der beiden, „wenn du uns schon so wenig Brot gibst, dann spar wenigstens nicht mit dem Wasser, das kostet ja nichts!" Nichtsahnend schob der Bewacher einen großen Krug mit Wasser zur Tür hinein. Doch es dauerte nicht lange, da verlangten die beiden wiederum nach Wasser. Der Wärter wunderte sich zwar über den übermäßigen Durst der zwei Diebe, aber er hatte keine Bedenken, ihren Wunsch zu erfüllen. So wanderte ein Krug nach dem anderen in das düstere Gelaß.

Nach einigen Tagen jedoch, als der Wärter seinen Gefangenen zum Frühstück einen Kanten Brot und das so begehrte Wasser reichen wollte, fand er das Nest leer. Er traute seinen Augen nicht, von den Dieben keine Spur. Das konnte doch nicht mit rechten Dingen zugehen, denn die Tür war verschlossen.

Schließlich entdeckte er oben an der kleinen Luke das Stück eines verknoteten Strohseiles. Da ging dem Wärter ein Licht auf, und er konnte sich den ungeheuren Durst der beiden Spitzbuben erklären. Aus dem Lagerstroh hatten sie sich ein Seil geflochten. Um es haltbar und geschmeidig zu machen, benötigten sie das Wasser. An dem Strohseil waren sie in der Nacht durch die Luke die tiefe Burgmauer hinabgeklettert und hatten schleunigst das Weite gesucht.

Seitdem, so heißt es, bekamen die Gefangenen auf Burg Dhaun nur mehr ein dürftiges Strohlager und eine genau bemessene Portion Wasser.

DER HUNDSFELS BEI STROMBERG

Früher führte der Hundsfels den Namen Hornstein, weil dessen Spitzen hornartig zum Himmel ragen. Die Burg im Hintergrund dieses Felsens gehörte den Rittern von Hornstein, die hier seit vielen Generationen lebten.

Etwa um die Mitte des dreizehnten Jahrhunderts hatten die Herren der Burg ihren Besitz an Dörfern, Ländereien und Waldungen in blankes Geld umgesetzt. Die männlichen Erben starben aus, und nur drei Edelfräulein blieben übrig, die mit ihrer alten Mutter auf der Stammburg wohnten. Eine der Schwestern war blind. Solange die Mutter lebte, erhielt sie die sorgsamste Pflege und alle Liebe.

Nach dem Tode der Mutter teilten die Schwestern das geerbte Geld. „Warum sollen wir mit der Blinden teilen, sie kann doch nichts Rechtes mit dem vielen Geld anfangen", meinte die eine der beiden. So kamen sie überein, das Geld mit einem Scheffel zu messen und zu verteilen. Jede bekam einen vollen Scheffel, doch als die blinde Schwester ihren gerechten Anteil haben sollte, drehten sie den Scheffel um und bedeckten nur die Rückseite mit Goldstücken. Die Blinde glaubte, als sie über das Geld tastete, auch ihr Maß sei voll.

Die beiden Betrügerinnen behandelten nun ihre Schwester von Tag zu Tag liebloser, kümmerten sich nicht mehr um sie und haßten sie schließlich. Der Haß wucherte in ihren Herzen, genährt von Gier und Habsucht, bis sie die Hilflose gar verjagten. Bald darauf starb die Blinde, vermachte ihr geringes Vermögen den Armen und blieb in hohem Ansehen. Die beiden anderen Schwestern lebten eine Zeitlang miteinander weiter, doch Geiz und Habsucht fraßen sie auf. Gegen Arme und Hilfsbedürftige waren sie hartherzig, sich selbst gönnten sie auch nichts. Mancher Fluch häufte sich auf den Grausamen.

Als dann eine der beiden starb, erbte die andere das ganze Vermögen. Ihr Geiz jedoch trieb seltsame Früchte. Sie war stets voller Angst um ihr Geld, brachte es von einem Versteck in ein anderes und entließ gar die gesamte Dienerschaft, weil sie jedem mißtraute. Schließlich war ihr selbst die Burg nicht mehr sicher genug. Sie kletterte in die Klippen rund um die Burg und suchte nach einer Höhle, in der sie ihr Geld verwahren konnte. Zwischen den zwei höchsten und schauerlichsten Klippen glaubte sie den sichersten Platz gefunden zu haben.

Ihre Habsucht und Sorge um das Geld waren stärker als ihre Angst. In dunkler Nacht schleppte sie zuerst die leere Truhe in die Höhle, dann nach und nach all ihr Geld, bis die Truhe voll war. Ermüdet von der schweren Arbeit, ließ sie sich auf der Truhe nieder und schlief ein. Plötzlich ein furchtbares Bersten, und der Boden der Höhle wankte und brach mitsamt den Schätzen in die Tiefe. Die habgierige Schwester wurde mit in den Abgrund gerissen und fand tief im Innern des Berges ihr Grab. Doch ihre Ruhe fand sie nicht, sie mußte Hunderte von Jahren in der eingestürzten Höhle sitzen, streng bewacht von zwei furchterregenden Höhlenhunden mit feurigen Augen und feuersprühenden Geifern.

Nur einmal im Jahr darf die Verdammte ans Tageslicht und Menschen, denen sie begegnet, bitten, sie zu erlösen. Manche haben es bereits gewagt, aber niemand kehrte je aus der Höhle zurück. Diese grausige Höhle nannte man wegen der furchtbaren Höhlenhunde Hundsloch, und der ganze Fels erhielt den Namen Hundsfels.

Noch immer liegen die ungeheuren Schätze in der Tiefe, und das geizige Fräulein von Hornstein harrt ihrer Erlösung von den Höhlenhunden. Aber nur der kann das Edelfräulein erlösen, der es aus reiner Menschenliebe versucht.

Die Kapelle von Stromberg

Der edle Ritter Dieter von Schwarzeneck hatte wie viele andere damals das Kreuz genommen und war auf dem Wege nach Palästina. Unterwegs kehrte er auf der Burg Argenfels ein und lernte dort Berta, die jüngere Tochter des Grafen, kennen und lieben. Doch er mußte weiterziehen ins Heilige Land. Als er Argenfels verließ, nahm er sich fest vor, das Mädchen nach seiner glücklichen Wiederkehr zu heiraten. Es schien, daß seine Werbung auf Gegenliebe gestoßen war, denn beim Abschied von der Burg schaute die junge Maid dem Ritter hoffnungsvoll nach.

Ritter Dieter wurde auf dem Kreuzzug von den Sarazenen gefangen und in die Gefängnisse von Ptolemais entführt. Langsam verflossen die Tage, qualvoll zog sich die Gefangenschaft hin. Oft schweiften die Gedanken des Ritters in die Heimat, und in Liebe gedachte er des jungen Mädchens auf Burg Argenfels. Manches Stoßgebet schickte er zum Himmel, ja er gelobte, eine Kapelle auf heimischer Erde zu bauen, wenn er wieder in Freiheit sei.

Eines Tages schienen seine Wärter bestürzt und geschäftiger als sonst zu sein. Plötzlich erscholl dumpfer Waffenlärm, in der Stadt wurde offensichtlich gekämpft, und Hoffnung drang durch die grauen Gefängnismauern. Wahrhaftig, die Türen flogen auf, Kreuzritter drängten herein und befreiten ihn von seinen Fesseln. An einigen Gefechten gegen die Ungläubigen nahm Ritter Dieter noch teil, dann kehrte er in die Heimat zurück.

In der Heimat galt sein erster Gang natürlich der Geliebten auf Burg Argenfels. Aber mit Entsetzen fand er statt der stolzen Burg nur eine verlassene

Ruine. Ein Hirte berichtete, daß eine Raubhorde die Burg angegriffen, geplündert und zerstört habe. Allerdings von der geliebten Berta und ihrer Schwester wußte der Hirte nichts, nur soviel versicherte er, unter den Gefangenen seien sie nicht gewesen, sie hätten wohl rechtzeitig fliehen können.

Traurig und niedergeschlagen kehrte Dieter nach Hause, legte seine Rüstung ab und zog als Pilger durchs Land, um seine Geliebte zu suchen. Nach langer Wanderung kam er müde und hoffnungslos an eine einsame Eremitage bei Stromberg. Keine Spur der Verschollenen hatte er bisher gefunden, kein Lebenszeichen, niemand konnte ihm weiterhelfen. Wie staunte er aber, als er die Eremitage betrat. Keinen Eremiten fand er hier, sondern ein Weib, vertieft in stilles Gebet vor einem hölzernen Kreuz. Als sie sich erhob, schritt er auf sie zu, sie zu begrüßen. Kaum begegneten sich ihre Blicke, da erkannten sie einander, fielen sich mit Jubel in die Arme.

Dieter von Schwarzeneck vernahm nun von Berta und ihrer Schwester, daß ein Ritter, der mit dem Vater verfeindet war, sich den Abzug des Kaisers zunutze gemacht und die Burg Argenfels überfallen und ausgeraubt hatte. Der Vater fand den Tod, als er die Raubgesellen verfolgte, sie aber konnten durch einen unterirdischen Gang ins Freie entfliehen. Ein Köhler hatte sie aufgenommen. Als sie vom Tode des guten Vaters erfuhren, beschlossen sie, in der Einsiedelei zu bleiben und dort ihr Leben in frommem Gebet zu verbringen.

Ritter Dieter nahm Berta bei der Hand und sprach feierlich: „Nun aber mußt du diesen Gedanken aufgeben, du folgst mir auf meine Burg. Du weißt, daß dein Bild mich auf dem langen Kreuzzug und während der mühsamen Suche nach dir begleitet hat und ich nur mit dir glücklich werden kann."

Dieter von Schwarzeneck baute, wie in seiner Not versprochen, auf Stromberg eine Kapelle. Aber noch bevor sie vollendet war, führte er Berta als sein Weib auf seine Burg.

Die Zwerge am Guldenbach

In den tiefen Höhlen des ehemaligen Riesensteins, des Hundsfelsen zu Stromberg, wohnte ehedem ein Zwergenvolk, das nachts am Goldenfels nach edlem Metall grub. Manchen Goldklumpen brachten die eifrigen Zwerge ans Tageslicht.

Sie waren den Menschen wohlgesinnt und warfen, wenn sie eine gute Goldader ausbeuteten, hier und da schon mal ein Goldklümpchen in den Guldenbach, der daher seinen Namen trägt. Die Menschen freuten sich über das Gold, half es doch, manch bittere Not zu lindern. Mit der Zeit wurden die Menschen goldgierig und versuchten, mehr von dem edlen Metall an sich zu reißen. Sie schlichen heimlich zum Hundsfelsen, wühlten in dessen Schluchten und Höhlen und gruben an einigen Stellen nach dem großen Goldschatz der Zwerge. Alles wollten sie haben, nicht nur die wenigen Klümpchen aus dem Guldenbach.

Als die Zwerge einst von ihrer mühsamen Arbeit in ihr Reich zurückkehrten, merkten sie sogleich, was geschehen war. Enttäuscht von der Raffgier der Menschen, fluchten sie den Dieben, nahmen ihr Hab und Gut zusammen und verschwanden.

Seitdem findet man im Guldenbach kein Gold mehr.

Wie die Herren von Stromberg den Namen Faust erhielten

Die gesamte Ritterschaft des Hunsrücks bis zur Mosel hin gehörte einst zum Lehnshofe des Pfalzgrafen Konrad von Hohenstaufen, der auf seiner Burg Stahleck bei Bacharach residierte. Auch Ritter Wolfried von Stromberg war ein Burgmann des Pfalzgrafen. Oft gab es auf Burg Stahleck ritterliche Spiele oder ein fröhliches Gelage mit den Lehnsleuten nach einer ausgedehnten Jagd.

Wieder einmal hatte in den Wäldern des Soonwaldes eine große Jagd stattgefunden. Die Ritter des Hunsrücks, unter ihnen auch Wolfried von Stromberg, nahmen wie gewöhnlich an diesem fröhlichen Treiben teil. Nach dem heißen Jagen ging es zurück zur Burg Stahleck, wo die Herren nun den Magen pflegten. Das üppige Mahl war beendet, und die Rittersleute saßen in feuchtfröhlicher Runde, erzählten alte Jagdgeschichten und sprachen tüchtig den großen Kannen edelsten Weines zu. Allmählich erhitzten sich die Köpfe, die Gemüter wurden erregter und die Runde übermütiger. Man ließ Würfel bringen und das damals beliebte Brettspiel.

Der Pfalzgraf saß mit Ritter Wolfried von Stromberg am Brett. Der Stromberger spielte ruhig und mit Vernunft, der Pfalzgraf dagegen hastig und unüberlegt. So kam es, wie es kommen mußte, der Pfalzgraf verlor nach und nach immer mehr. Schon stapelte sich auf der Seite des Strombergers ein ansehnlicher Goldhaufen. Beide Herren hatten dem Weine schon tüchtig zugesprochen, und der Pfalzgraf wurde von Spiel zu Spiel nervöser und erregter. Als er sein letztes Goldstück verlor, rief er unbeherrscht dem Ritter Wolfried zu: „Zum Teufel, Herr Ritter, das geht nicht mit rechten Dingen zu! Ihr spielt falsch!"

Der von Stromberg geriet über diesen unehrenhaften und völlig unberechtigten Vorwurf in unbeschreiblichen Zorn. Er kannte sich selbst nicht mehr, stand auf und schlug dem Pfalzgrafen, ohne ein Wort zu sagen, mit der Faust ins Gesicht. Blutüberströmt sank der Graf zu Boden. Alle Ritter sprangen auf, eilten herbei und hielten die Kampfhähne fest, bevor der unritterliche Streit schlimmere Formen annehmen konnte.

So endete der schöne Tag mit Mißstimmung und Hader. Gewiß brauchte der Ritter von Stromberg sich die grundlose und ungeheuere Beleidigung des Pfalzgrafen nicht bieten zu lassen. In einem ritterlichen Kampf hätte er sein Recht suchen müssen, anstatt die Faust gegen seinen Lehnsherren zu erheben.

Der Pfalzgraf ließ ihn sofort gefangensetzen und trug die Sache dem Gericht des Kaisers vor. Dieses hohe Gericht entschied nach Prüfung der Sachlage, der Stromberger solle sämtliche Güter dem Pfalzgrafen übergeben, und sein Geschlecht führe fortan zur Warnung für allzu hitzige Leidenschaft für alle Zeiten den Beinamen Faust von Stromberg.

So geschah es. Der Name Faust oder Fust blieb bei Wolfrieds Geschlecht bis zu seinem Erlöschen. Der Burgsitz ist unter dem Namen Fustenburg bekannt.

Die Gründung von Sponheim

Graf Berthold von Vianden, der Mitte des 11. Jahrhunderts lebte, gilt als Gründer des zweiten Sponheimer Geschlechtes. Er wollte damals Frau Hedwig, eine Gräfin des Nahegaues, heiraten. Doch die Dame lehnte seinen Antrag ab, weil er in einem Zweikampf ihren Vetter erschlagen hatte.

Die Gräfin machte dem Ritter aber noch Hoffnung auf ihre Hand und forderte ihn auf: „Reist in das Heilige Land, reinigt Euch von Eurer schweren Schuld und bringt mir als Zeichen Eurer Buße von dort eine heilige Reliquie mit, und sei es nur ein kleiner Span. Dann werde ich Euch meine Hand fürs Leben reichen.“ Von der Liebe zu dem edlen Fräulein gedrängt, schloß der Graf sich den Kreuzfahrern an und zog nach Jerusalem. Dort gelang es ihm, einen Span vom Kreuzesholz Jesu Christi zu erwerben. Er ließ ein kleines goldenes Kästchen anfertigen und auf den Deckel den Namen seiner geliebten Gräfin eingravieren. In ihm verwahrte er die wertvolle Reliquie.

Auf der Rückreise geriet das Schiff, auf dem sich der Graf befand, in einen schweren Sturm und versank in den Fluten des Meeres. Nichts als das nackte Leben konnte der Graf retten, sein ganzes Hab und Gut ging verloren, darunter auch das kostbare Kästchen.

Betrübt trat er vor die Gräfin und schilderte ihr sein Mißgeschick. „Ich hatte eine wertvolle Kreuzesreliquie in Besitz, aber das stürmische Meer hat sie mir entrissen. So stehe ich jetzt vor Euch mit leeren Händen.“ Die Gräfin ließ sich von ihm die Form und das Aussehen des Kästchens beschreiben, und als sie erfuhr, daß auf dem Deckel ihr Name eingraviert war, da leuchteten ihre Augen, und voller Freude lief sie in ihr Zimmer. Mit dem Kästchen in der Hand kam sie zurück und berichtete: „Heute erschien ein Jüngling an der Pforte und gab dieses Kästchen für mich ab. Seht, es enthält die Reliquie, die Ihr im Heiligen Lande erworben habt! Dieses Wunder ist ein Zeichen Gottes, daß Eure Schuld vergeben wurde. So will auch ich Euch vergeben und Eure Gemahlin werden." Hocherfreut reichte sie dem Grafen ihre Hand zum Ehebund.

Zum Dank für die göttliche Fügung beschlossen beide, ein Kloster zu gründen, in dem die kostbare Reliquie aufbewahrt werden sollte. Nach dem Span aus dem Kreuze Christi nannten sie das Kloster Spanheim.

Im Kloster Spanheim, das später Sponheim hieß, wurde das Heiligtum viele Jahrhunderte hoch in Ehren gehalten.

Der Raub der Monstranz von Sponheim

Einer der Ritter von Montfort hielt es nach dem üblen Wahlspruch seiner Väter: „Reiten und Rauben ist keine Schand, das tun die Besten im ganzen Land." Gewöhnlich überfiel er die Händler, die zum Frankfurter Markt zogen, plünderte sie aus und verjagte sie.

Eines Tages erfuhr er von seinen Mittelsmännern, daß eine Truppe des nahegelegenen Klosters Sponheim nach Köln unterwegs sei, die Monstranz heimzuholen, die der Abt bei einem Goldschmied in Auftrag gegeben hatte. Sofort stellte der Montforter eine Reiterschar zusammen, befahl den Knechten, die Hufeisen der Pferde umgekehrt anzuschlagen und zog den Sponheimern entgegen. In einem Hinterhalt überfiel er die Abordnung des Klosters, die mit der Monstranz von Köln zurückkehrte. In einem kurzen Gefecht überwand der Raubritter die Klosterleute und entriß ihnen die kostbare Goldarbeit. Mit schnellen Rossen floh er nach Mainz und verkaufte dort die Monstranz für viel Geld.

Der Graf von Sponheim, Schirm- und Schutzherr des Klosters, erfuhr von dieser Freveltat des Raubritters und verlangte Sühne. Er lauerte ihm auf, als dieser sein Raubnest verließ. In dem Dörfchen Boos an der Nahe, das der Räuber plünderte, konnte der Graf die Bande überfallen und den Montforter gefangennehmen. Zur Rede gestellt, leugnete er den Raub des Heiligtums hartnäckig, ja, er bekräftigte gar seine Beteuerungen mit einem Schwur auf die Monstranz. Der Sponheimer glaubte ihm und ließ ihn gegen geringes Lösegeld wieder frei.

Am anderen Tage jedoch schickte der Montforter einen Brief ins Kloster Sponheim und bekannte sich frech und höhnisch als der Räuber des Kleinods. Aber der Himmel bestrafte seinen gottesfrevlerischen Schwur hart. Denn schon nach kurzer Zeit erkannte der meineidige Räuber mit Entsetzen, daß ihm die Finger, die er zum Schwur erhoben, langsam verdorrten, einer nach dem anderen. Von seinem Gewissen gequält, ging er in sich und verbrachte den Rest seines Lebens in einem Kloster bei Trier.

Die Leute vom Montforter Hof aber wollen ihn schon oft nachts gesehen haben, wie er unstet umherirrte und wehklagte.

DER BAU DER BURG RHEINGRAFENSTEIN

Als die Rheingrafen noch auf der Kauzenburg bei Kreuznach lebten, drohte einem der Burgherren, wie es zu Ritterszeiten an der Tagesordnung war, wieder einmal eine Fehde mit dem Erzbischof zu Mainz. Schon rüste der Mainzer, berichteten die Boten dem besorgten Rheingrafen.

Eines Tages, als der Graf auf der Jagd war, fiel ihm der gewaltige Doppelfelsen des Steins auf, wie er, einem Wolkenstürmer gleich, senkrecht aus der Nahe aufsteigt.

„Wer dort oben eine Burg haben könnte, der brauchte sich vor dem Mainzer nicht zu fürchten!" schoß es ihm durch den Kopf.

Siehe da, plötzlich stand ein sonderbarer Geselle vor ihm, gekleidet wie ein Jäger, doch hinkte er merkwürdig.

„Ich kenne deine Gedanken", sagte der Teufel. „Was gilt's, morgen soll auf dem Stein eine Burg stehen, wenn ich die Seele dessen bekomme, der zuerst zum Fenster hinausblickt!"

Dem Grafen grauste vor dem ungeheuerlichen Ansinnen. Er bat sich Bedenkzeit aus bis zum nächsten Abend. Er wolle den seltsamen Pakt mit seiner Frau besprechen.

Die Gräfin riet ihm, den sonderbaren Handel einzugehen, sie werde alles zum Guten lenken. Wohlgemut ging der Graf zum Stelldichein mit dem Leibhaftigen. Mit einem Tropfen Blut wurde der Vertrag unterschrieben, den der Teufel ausgefertigt hatte.

Und siehe da! Am anderen Morgen steht die stattlichste Burg auf dem Stein, und unten im Dörflein Münster recken sich die Leute fast die Hälse aus, um das Wunderwerk zu bestaunen, das hoch über ihnen zum Himmel ragte.

Als der Graf mit seiner Familie und dem Gesinde einzog, wurde bei Todesstrafe verboten, aus dem Fenster zu sehen. Die Gräfin aber ließ dem alten Esel, der die Säcke zur Mühle geschleppt hatte, das Barett des Burgkaplans aufsetzen und das Tier vorsichtig in den Rittersaal führen. Ein Fenster wurde geöffnet und der Esel hingeleitet. Dumm schaute das Tier in die tief unten schäumende Nahe, und das Barett nickte auf seinem Kopf auf und nieder. Noch bevor der Esel sein IAH rufen konnte, fuhr der Teufel, der auf der Zinne gelauert hatte, auf den vermeintlichen Kaplan herab, packte und zerrte ihn mit einem Sturmwind zum Fenster hinaus. Aber als der Teufel sah, wen er erwischt hatte, und merkte, daß er betrogen, schleuderte er das arme Tier in den Abgrund hinab. Er selbst sauste heulend um die Zinne der Burg, daß sie in ihren Grundfesten erbebte.

Das war das letzte Mal, daß der Teufel leibhaftig im Nahetal gesehen worden war.

Der Trunk aus dem Stiefel

Im großen Rittersaal auf Burg Rheingrafenstein ging es oft sehr lustig und ausgelassen zu, wenn der Hausherr die edlen Weine kredenzte, die rund um Norheim, Traisen oder Hüffelsheim gewachsen waren. Besonders der an der sonnendurchglühten, südwärts schauenden Wand des Rotenfelsen gereifte Tropfen hatte es den Rittern angetan.

Die Ritter saßen wieder einmal zusammen hoch oben auf Rheingrafenstein, berieten die große und kleine Politik, tüftelten Händel aus und begossen ihre Zusammenkunft mit den auserlesensten Tropfen. Es artete zu einem weinseligen Gelage aus, bei dem die Ritter vom Rhein, von der Nahe und aus dem Hunsrück kräftig um die Wette zechten. Der schwere Wein lockerte die Zunge, die prächtige Laune verführte zu Übermut und Leichtsinn. In dieser seligen Stimmung brachte der Hausherr einen mächtigen Humpen aus Glas herbei, der die Form eines Stiefels hatte. Rundum war er mit lockeren Trinksprüchen und bunten Wappenschildern geziert.

„Diesen Stiefel", sagte der Rheingraf übermütig, „ließ mir ein Kurier zurück. Wer ihn, meine Herren, in einem Zug leert, dem schenke ich das Dorf Hüffelsheim."

Der Saal dröhnte vom schallenden Gelächter. Jeder bewunderte den seltsamen Pokal, doch keiner wollte auf den verlockenden Vorschlag eingehen. Ein solches Unterfangen übersteige jede menschliche Kraft, das war die einhellige Meinung.

Unter den Zechgenossen saß auch Ritter Boos von Waldeck, ein äußerst trinkfester Mann, der durch seine allzu großen Besäufnisse Hab und Gut durchgebracht hatte, ein unstetes Leben führte und auf die Gunst befreundeter Ritter angewiesen war. Dieser Boos besann sich nicht lange: „Gebt Ihr mir Brief und Siegel, Herr Rheingraf, dann leere ich den Stiefel!" Ein Raunen ging durch den Saal, die Hälse reckten sich, und kaum einer wollte glauben, was er soeben gehört hatte. Doch der Rheingraf ließ schnell die Urkunde ausfertigen und unterschrieb das Papier. Da ließ Herr Boos den Stiefel randvoll mit edlem Norheimer füllen, lehnte sich im Sessel zurück und leerte den gewaltigen Humpen in langen, tiefen Zügen, ohne ihn abzusetzen.

Vergnügt und stolz schaute er sich in der Runde um und meinte: „Wenn das Dörflein Norheim noch dazukommt, edler Rheingraf, so werde ich auch noch einen zweiten Humpen leeren." Der Rheingraf ging aber auf eine weitere Probe der Trinkfestigkeit des Herrn von Boos nicht ein.

Michel Mort

Im 13. Jahrhundert erwarb der Graf von Sponheim durch einen Kaufvertrag das Schloß Böckelheim. In einer späteren Erbteilung zwischen zwei Brüdern fiel das Schloß an den jüngeren Heinrich, allerdings mit der Klausel, daß es nicht verkauft werden dürfe und nach dessen Tode wieder dem Gesamthause Sponheim gehöre. Trotzdem veräußerte Graf Heinrich Böckelheim an den Mainzer Erzbischof Werner. Der ältere Bruder, Graf Johann von Sponheim, erinnerte an den Erbvertrag und widersetzte sich dem Verkauf. Doch der Mainzer zog mit Heeresmacht heran, um den widerrechtlich erworbenen Besitz anzutreten.

Graf Johann von Sponheim konnte dies nicht tatenlos hinnehmen. Die Grafen von Katzenelnbogen, von Leiningen, von Zweibrücken, der Rheingraf Siegfried und der Landgraf von Hessen und viele mannhafte Bürger von Kreuznach scharten sich an seiner Seite gegen Erzbischof Werner von Mainz. Bei Sprendlingen kam es 1279 zu einer Schlacht.

Anfangs siegten die Sponheimer. Doch Graf Waldeck und der Rheingauer Heerbann, die Partei für den Mainzer ergriffen hatten, fielen ihnen in den Rücken. Von zwei Seiten angegriffen, kamen die Sponheimer Gefolgsleute in arge Bedrängnis. Schon waren einige Anführer gefangen, da geriet auch Graf Johann von Sponheim in Not.

Plötzlich bricht mit Löwenmut die Kreuznacher Metzgerzunft sich Bahn zu ihrem Herrn, an ihrer Spitze der riesenstarke Michel Mort. „Hie Kreuznach, mein edler Graf!" ruft er seinem Gebieter entgegen. Mit seinem breiten Schlachtschwert haut er eine Gasse mitten durch die Feinde, bis er den Grafen erreicht hat. „Rettet Euch, Herr!“ schreit er, „ich will die Feinde zurückhalten! Rettet Euch!“

Nun dringen die Feinde auf Michel Mort ein, bedrängen ihn von allen Seiten, doch er weiß sich tapfer zu wehren. Mitten im Kampfgetümmel steht er und streitet wie ein Löwe. Der verwundete Graf Johann von Sponheim findet Gelegenheit, sein Pferd zu besteigen und zu entkommen. Viele streckt Michel Mort noch nieder, aber auch er muß viel einstecken. Aufs Knie gesunken, schlägt er noch manchen Todesstreich, bis er selbst die tödliche Wunde empfängt.

Später wurde dem Helden Michel Mort auf dem Schlachtfeld von Sprendlingen ein Gedenkstein errichtet, auf Schloß Dhaun ein steinerner Löwe. Als 1804 Dhaun zerstört wurde, brachte man den Löwen auf die Kauzenburg nach Kreuznach, wo er heute noch das Andenken an den tapferen und treuen Mann aus dem Volke lebendig erhält.

DER BLINDE SCHÜTZE VON SOONECK

Die Ritter aus dem Rheingau und vom Hunsrück saßen wie üblich nach einer großen Jagd im Soonwald im Rittersaale der Burg Sooneck bei einem wilden Fest, dessen Lärm bis an den Rhein hinabscholl. Ein fremder Sänger, wohl angelockt vom rauschenden Fest, klopfte mit seiner Harfe ans Tor. Der Soonecker ließ ihn eintreten und bat ihn, die besten seiner Lieder zu singen und zu spielen.

Der Fußboden war schon naß vom verschütteten Wein, die Ritter saßen lärmend bei ihren mächtigen Humpen, und die weinselige Stimmung schien ihren Höhepunkt erreicht zu haben, als der alte Sänger den Rittersaal betrat. Sofort wurde es still, denn die Stimme des Alten klang jung und forsch. Der weiße Bart und die Haltung des Sängers paßten jedenfalls nicht zu der markigen Stimme. Als gar der Fremdling das Lied vom Fürstenecker anschlug, da konnte man eine Nadel fallen hören, so still wurde es. Denn jeder im Saale wußte, daß der Junker von Sooneck den Fürstenecker seit dreizehn Jahren im Burgturm gefangenhielt und ihn grausam geblendet hatte.

Nun ging ein Lied von ihm rheinauf und rheinab: daß der edle Ritter, der vordem den Vogel aus der Luft zu treffen wußte, nun im Burgverlies der Sooneck in doppelter Finsternis schmachte. Als nun dieses Lied vor dem Soonecker frech gesungen wurde, sahen alle zu ihm hinüber, ob er den kecken Sänger niederschlagen werde.

Der Junker aber war schon so sehr vom Rausch benebelt, daß er den Gesang mit Stolz anhörte, als sei kein anderer fähig, solch einen edlen und geschickten Ritter wie den Fürstenecker zu fangen. Sogleich begann er zu prahlen:

„Der Fürstenecker braucht nun keine Vögel und keine Augen mehr, er ist im Turm so abgerichtet worden, daß er nach dem Gehör schießen kann. Er soll hier vor der edlen Ritterschar seine Kunst beweisen!“ rief er übermütig, riß die Armbrust des Fürsteneckers von der Wand und hieß ihn holen.

Einige Ritter mahnten ihn, von solch vermessener Roheit abzulassen, aber in seinem Rausch ließ der Soonecker nicht mehr von seinem Vorhaben ab.

Ein schlimmer Anblick bot sich allen, die einst den schlanken blonden Fürstenecker gekannt hatten, als er jetzt hereingeführt wurde, mit schlotternden Knien, sein Gesicht eingefallen und von einem eisgrauen, langen Bart überwuchert. Ein Bild des Jammers!

Der Soonecker aber setzte lachend einen Becher auf den Tisch und rief lallend: „Blinder, wenn du diesen Becher hier auf dem Tisch triffst, so sollst du mit uns an der Tafel mithalten!“

Als ginge es dem Fürstenecker, von dem alle wußten, daß er früher gerne dem edlen Weine zugesprochen hatte, noch immer um einen labenden Trunk, so rasch griff er nach der Armbrust, die man ihm reichte. Während die Ritter auseinanderrückten, damit der Schütze freie Bahn zu seinem Ziel habe, zupfte der Fürstenecker an der Schnur, die einen Klang wie von einer Harfe ertönen ließ, befühlte auch den Bolzen und gab ihn sorgfältig in die Rinne.

Als der Junker den Becher hochhob und ihn dann auf die Eichenplatte schlug und „Hier!“ rief, war es nicht anders, als ob ein Vogel aufgeflogen wäre, so rasch und rauschend kam der Bolzen nach seinem Ziel geschossen und traf in den offenen Mund des Sooneckers, der kaum den Ton entlassen hatte, durch den Gaumen bis ins Gehirn, so daß er mit seinem Becher in der Faust aufzappelte und zwischen krachenden Stühlen auf den Estrich sank.

Nicht einer der Ritter kam ihm zu Hilfe. Nur einige seiner Knechte wollten sich auf den Schützen werfen, der mit der Armbrust da stand, als ob er auf den versprochenen Wein warte. Da flog des Sängers Harfe gegen sie wie eine Keule, und wo vorhin der weiße Bart war, dort glühte jetzt ein herrisches Gesicht. Mit dem gezückten Schwert in der Hand stand neben dem Alten der Sohn, den alle nun staunend erkannten.

Dem Schützen sank die Armbrust aus den Händen, als er die Stimme seines Sohnes hörte, und aus den leeren Augenhöhlen liefen die Tränen. Die Ritter stellten sich schützend vor ihn, führten ihn aus der Burg und gaben ihm Roß und sicheres Geleit nach Burg Fürsteneck.

Der Goldschatz auf dem Hochsteinchen

Vor langer Zeit lebte in Rheinböllen ein sehr reicher Mann. Er besaß große Ländereien, einige Häuser und viele Dienstleute, aber seinen größten Reichtum hatte er unter seinem Bett versteckt. Zwei mächtige, eisenbeschlagene Kisten, gefüllt mit purem Gold, hielt er in seiner Schlafkammer verborgen. Niemand wußte von diesem unermeßlichen Schatz, selbst seine Frau nicht. Denn niemandem traute er, überall sah er Feinde, die seinen Schatz begehrten. Wie seine Augäpfel hütete er daher die Goldkisten, denn am meisten fürchtete er Diebe und Einbrecher.

Eines Tages näherte sich ein französisches Heer. Der reiche Mann brach fast in Panik aus. „Wohin mit meinem Gold?" war seine größte Sorge. Mitten in der Nacht schleppte er seine Goldkisten in den nahen Wald. Nach langem Suchen fand er eine geeignete Stelle. „Ja, hier kann ich den Schatz vergraben, und die Stelle kann ich mir gut merken. Von hier aus sieht man durch die Bäume die Kirche von Rheinböllen." Hastig verscharrte er die Kisten und lief nach Hause.

Nach kurzem Aufenthalt in Rheinböllen zogen die feindlichen Soldaten weiter, und die Gefahr war vorüber. Jetzt konnte er seine Goldkisten wieder zurückholen und sicher unter seinem Bett verwahren. Doch, o Schreck, er fand die Stelle nicht mehr, an der er das Gold vergraben hatte. Denn hoch oben auf dem Hochsteinchen, wo er in jener Nacht seinen Schatz versteckt hatte, konnte man von allen Seiten die Kirchturmspitze gut sehen.

Er grub und grub in vielen Nächten, aber den Goldschatz konnte er nicht mehr finden, und bis heute liegt der Schatz tief vergraben, vielleicht sogar dort, wo der Aussichtsturm auf dem Hochsteinchen steht.

An den Moselbergen entlang

Konstantins Zeichen „Auf Kron“

Das Plateau auf dem langgezogenen Bergrücken zwischen dem Tal der Dhron und der Mosel, hoch über Neumagen am Leyenberg, heißt „Auf Kron“.

In dem römischen Kastell auf Kron bei Neumagen lagerte einst Kaiser Konstantin mit seinen Legionen. Er hatte im ganzen Land Truppen zusammengezogen und rüstete einen Heerzug gegen seinen Widersacher Maxentius, der ihm die Herrschaft streitig machen wollte. Sorgenvoll blickte der Kaiser in die dunkle Zukunft. Der bevorstehende Kampf bereitete ihm Kummer, denn Maxentius zählte zu den erfahrensten Feldherren und verfügte über ein starkes, gut ausgerüstetes Heer.

Plötzlich mußte Konstantin an seine Mutter Helena denken. Sie betete immer zu ihrem Gott, wenn sie in Nöten war, aber diesen Gott kannte er nicht näher, wußte als rauher Kriegsherr nicht viel von ihm.

Es war am späten Nachmittag, so erzählt der Kirchenhistoriker Eusebius, die Sonne stand bereits tief über den Moselbergen, da erschienen plötzlich am Himmel weithin leuchtende Lichtstrahlen, die sich zu einem strahlenden Kreuzeszeichen formten.

Der Kaiser erschrak über diese Erscheinung, ließ seine Sterndeuter kommen, aber niemand wußte eine Erklärung. Stumm betrachtete Konstantin das geheimnisvolle Himmelsbild, da erkannte er in lateinischer Sprache die Worte: „In diesem Zeichen wirst du siegen!“

Die Worte gaben ihm neue Hoffnung, aber die Verwirrung blieb. In dieser Nacht sah der Kaiser im Traum Jesus Christus. Er gebot ihm: „Laß nach dem

Bild der Erscheinung ein Kreuz anfertigen! Führe es von nun an deinem Heere voran. Auch die Feldzeichen laß mit diesem Zeichen schmücken."

Schon am nächsten Tage ließ Konstantin aus einer silbernen Lanze ein Kreuz herstellen, das mit Goldplatten belegt wurde. Auf der Spitze hing eine goldene Krone, darunter das Monogramm Christi. An den Kreuzesarmen wehte eine Purpurfahne, an der Lanze selbst prangten das Brustbild des Kaisers und Bilder seiner Söhne. Mit dem Zeichen Christi an der Spitze des Heeres eilte Konstantin von Sieg zu Sieg.

An der Tiberbrücke vor den Toren Roms kam es zum entscheidenden Kampf zwischen Konstantin und Maxentius. Der Kaiser schlug den Feind vernichtend. Konstantin ließ sich taufen und wurde Christ.

Der Ort bei Neumagen, wo Konstantin das Kreuzeszeichen am Himmel gesehen hatte, wurde später „Auf der Kron" genannt.

Beide haben das Moseldörfchen berühmt gemacht, der vortreffliche Wein und der bekannteste Sohn des Ortes, Johannes Trithemius, der 1462 in Trittenheim geboren wurde. Als junger Mann von gerade 20 Jahren kehrte er auf dem Wege nach Heidelberg eher zufällig im Kloster Sponheim ein, blieb dort und nahm das Ordenskleid. Nach eineinhalb Jahren bereits wählten die Mönche ihn, den Jüngsten, zu ihrem Abt.

Schon zu seinen Lebzeiten haftete ihm etwas Unheimliches an, man hielt ihn für einen Meister der geheimen Künste und der verborgenen Kräfte. Nach seinem Tode aber wurde er, ähnlich wie sein persönlicher Freund, der Rektor der Lateinschule in Kreuznach, der berühmte Doktor Faustus, als Zauberer verschrien. Ja, man erzählte gar, er habe einen leibhaftigen Teufel in seinen Diensten gehabt, der ihm jeden Wunsch erfüllte.

Trithemius reiste einst mit einem Kaiserlichen Rat durch das Frankenland. Müde und hungrig kamen sie spät abends in eine Herberge. Die Küche war mittlerweile kalt, und der Wirt konnte seinen Gästen nichts mehr vorsetzen. Der Abt ließ sich jedoch nicht verdrießen, klopfte einmal heftig an das Fenster und rief: „Adfer! Bring her!" Sofort wurde eine Schüssel mit einem gekochten Hecht und eine Flasche Wein hereingereicht. Genüßlich langte der Mönch zu, ließ sich das Mahl schmecken, so als wäre es das Selbstverständlichste der Welt, auf so geheimnisvolle Weise bedient zu werden. Sein Begleiter jedoch wagte es nicht, auch nur einen Bissen anzurühren.

Die unheimlichste Geschichte aber, die man dem Abt nachsagte, betraf die Begegnung mit Kaiser Maximilian. Dessen Frau, Maria von Burgund, war in jugendlichem Alter verstorben. Der Kaiser, der viel von den geheimen Künsten des Abtes gehört hatte, wünschte nun, seine verstorbene Frau wiederzusehen. Trithemius versprach dem Kaiser, seine tote Frau zu beschwören. „Aber, mein Kaiser, kein Wort dürft Ihr sprechen, wenn Eure Frau erscheint!"

Der Abt nahm den Kaiser mit in ein besonderes Zimmer, murmelte unverständliche Worte und verharrte dann stumm und starr. Plötzlich öffnete sich die Tür, und herein trat eine Frau, eingehüllt in ein langes, weißes Gewand. Es war Maria von Burgund. Sie stolzierte im Zimmer hin und her, schaute den Kaiser an und lächelte.

Der Kaiser traute seinen Augen nicht, starrte das unheimliche Wesen an und wußte nicht, ob es Maria war oder nicht. Da erinnerte er sich, daß seine Frau am Halse ein Muttermal hatte. Sorgfältig betrachtete er die Frau, als sie ein zweites Mal an ihm vorbei ging. Tatsächlich, er konnte den dunklen Fleck am Hals deutlich erkennen. Ein Grausen überfiel ihn, er zitterte am ganzen Leibe, und als das Gespenst verschwunden war, tobte er und rief zornig aus: „Mönch, wage es nie mehr, mir solche Possen zu spielen!"

Das Miseräbelchen

Als unser Herr Jesus Christ noch auf Erden wandelte, kam er mit seinen Jüngern auch über den Hunsrück und wollte von den rauhen Höhen hinunter ins liebliche Tal der Mosel. Es war ein heißer Sommertag, und die kleine Schar hatte auf ihrer Wanderung durch die trockene Hunsrückflur mehr als genug Staub geschluckt.

Nun saßen sie am Mittag im Schatten eines Walnußbaumes an einem Hang des Tales, um auszuruhen. Die Sonne brannte auf die steilen Wingerte, und der Durst quälte die müden Wanderer. Der Herr schickte deshalb Petrus hinab ins Tal in ein nahes Weindorf, um einen kühlen Labetrunk herbeizuholen.

Sankt Petrus machte sich bereitwillig und eiligst auf den Weg. Als er in dem Winzerdorf ankam, wehte ihm sogleich aus einer offenen Kellertür der würzige Weinduft um die Nase. Er stieg die steinernen Stufen hinab und traf einen fröhlichen Winzer, der an einem mächtigen Faß hantierte. Petrus brachte bescheiden den Wunsch des Herrn vor. Der Weinbauer griff nach einer bauchigen Holzkanne, füllte sie bis an den Rand und reichte sie dem Petrus. Der durstige Apostel leerte sie in einem Zuge bis auf den Grund, ließ sie ein zweites Mal füllen und machte sich dann auf den Rückweg.

Allein, der gute Jünger des Herrn geriet in Versuchung. Während er so dahinschritt, peinigte ihn der Durst allzu sehr, und als dann auch noch einige Spritzer des köstlichen Weines aus der vollen Kanne überschwappten, sagte er sich : „Schade um jeden Tropfen“, und nahm einen Schluck, um weiteres Unheil zu vermeiden. Doch offensichtlich fehlte ihm das rechte Maß. Der Schluck war zu groß geraten, und der Wein stand nun etwas zu tief im Gefäß. Petrus war ein praktischer Mensch, griff zum Taschenmesser und schnitt den Rand der hölzernen Kanne ringsum etwas ab. Die Verhältnisse stimmten wieder.

Es dauerte aber nicht lange, da spritzten wiederum einige Weintropfen in den Straßenstaub. Also schlürfte der Apostel nochmals an der Kanne, wieder etwas zu kräftig, und säbelte weiter am Rande ein Stück ab. Der Weinbergspfad, auf dem Petrus mit dem Wein zum Herrn eilte, war sehr holprig. Jedenfalls kam der Apostel oben am Nußbaum mit einem kümmerlichen Rest Wein und einem mickrigen, abgesäbelten Kännchen an.

Der Meister sah seinen Jünger fragend an. Petrus geriet ins Stottern und meinte etwas hilflos: „Hier an der Mosel sind die Schoppen eben etwas klein geraten, Herr", und reichte das sonderbare Gefäß seinem Meister. „Außerdem kannst du ja auch mit wenig Wein den Durst aller stillen, so wie du damals mit wenig Brot den Hunger Tausender gestillt hast", fügte er kleinlaut hinzu.

Der Herr blickte ihn streng an und sagte: „Behalte dein Miseräbelchen!" Und zu den Jüngern sprach er: „Nun, meine Getreuen, euch lade ich zu einem kühlen Labetrunk ein. Petrus hat ja bereits seinen Anteil genossen, er wird wohl keinen Durst mehr haben."

Seit dieser Zeit werden an der Mosel und auf den umliegenden Hunsrückbergen die allzu kleinen Schöppchen „Miseräbelchen" genannt.

DER RAUBRITTER VOM HARPELSTEIN

Im „Goldenen Tal“ der Dhron, wie man den Unterlauf des wildromantischen Tales zwischen den Dörfern Gräfendhron und Papiermühle im Volksmund nennt, treten an manchen Stellen die steilen, hochragenden Felshänge zu beiden Seiten so nahe zusammen, als wollten sie sich die Hand reichen.

Ein bizarrer, zerklüfteter Felsen von etwa 150 Meter Höhe fällt dem Wanderer besonders auf. Von der Horather Seite her überragt er das romantische Tal wie ein einsamer Wächter. Der Harpelstein, so heißt der Granitfelsen im Volksmund, soll einst Schauplatz des wilden Raubrittertums gewesen sein. Man erzählt sich folgende Sage:

Auf dem Plateau des Harpelsteins stand einst eine stolze Ritterburg. Hier lebten seit Generationen Raubritter, die das gesamte Gebiet zwischen Hunsrück und Mittelmosel beherrschten. Sie überfielen die Kaufleute auf der nahen Verbindungsstraße zur Mosel hin und verunsicherten Land und Leute mit ihren ausgedehnten Raubzügen. Unermeßliche Schätze hatten die Ritter auf diese räuberische Art ergattert und in ihrer Burg versteckt. Tief in den Berg hinein führten unter der Burg lange Gänge zu geheimnisvollen Gemächern, in denen die geraubten Schätze lagerten. Aber diese unterirdischen Räume dienten den Rittern auch als Zufluchtsstätte.

Der letzte Raubritter dieser Burg, der es besonders schlimm getrieben hatte, floh vor seinen Feinden durch einen geheimen Stollen in die unterirdischen Gemächer und schloß sich hier ein. Die herangerückte Ritterschar, die den verfemten Burgherrn gefangennehmen wollte, zerstörte die Burg bis auf die Grundmauern. Die Trümmer verschütteten den verborgenen Eingang zu den unterirdischen Räumen und begruben den letzten Ritter vom Harpelstein bei lebendigem Leibe.

Nach langer, langer Zeit kam ein wagemutiger Abenteurer in diese Gegend, hörte von der zerstörten Burg, erfuhr auch von dem geheimnisvollen Verschwinden des letzten Raubritters und dem verschütteten Schatz. Sein Entschluß war schnell gefaßt. Er suchte und fand den Eingang zum Stollen, der zu den unterirdischen Gemächern führte. Mit Hilfe eines gleichgesinnten Genossen gelangte er in das Innere des Felsens. Er durchsuchte alle Räume, streifte durch dunkle Gänge und gelangte schließlich zu einem großen Saal. Wie angewurzelt blieb er an der Schwelle stehen. An einem wuchtigen Eichentisch saß der Ritter in voller Rüstung, als ob er schliefe. Vor ihm stand ein mächtiger Humpen mit Wein, neben ihm lagen zwei große Hunde wie getreue Wächter. Unverwandt starrten sie den fremden Eindringling an, als wollten sie ihn sofort anspringen.

Doch der ungebetene Gast trat unerschrocken auf den Ritter zu und sprach ihn an: „Sei gegrüßt, edler Ritter, ich möchte deinen Schatz mit dir teilen!" Als keine Antwort kam, packte der junge Schatzsucher den Rittersmann an der Schulter. Kaum aber hatte er ihn berührt, zerfiel der letzte Burgherr vom Harpelstein, und nur ein kleines Häuflein Staub blieb auf dem steinernen Boden zurück. Das gleiche geschah mit den beiden Hunden. Jetzt erst erblickte der junge Mann die angehäuften Schätze, und seine Augen weiteten sich vor Erstaunen. „Nun bin ich reich!" rief er durch die mächtige Halle, raffte zusammen, was er tragen konnte, und zog mit seinem Kumpanen von dannen.

Tatsächlich kann man heute noch auf dem Plateau des Harpelsteins eine runde Vertiefung erkennen, aus der man vor langer Zeit zinnernes Geschirr und eiserne Waffen ausgegraben hat.

Das Struthmännchen

Oberhalb des Dorfes Haag, etwa in der Nähe der alten Straße, die schon zur Römerzeit von Berglicht über Gräfendhron nach Haag und Elzerath führte, liegt ein kleines Waldstück, das im Volksmund Struthwäldchen heißt. Hier, in dieser nassen, dunklen Gegend lebt seit Jahrhunderten das Struthmännchen, das oft die Bewohner der umliegenden Dörfer, besonders die Kinder, schreckt.

Vor vielen Jahren war der Zender von Berglicht Gerichtsbote am Hochgericht Bernkastel. Zu diesem Hochgerichtsbezirk gehörten die Dörfer zwischen Bernkastel, Bischofsdhron, Berglicht, Piesport und Wintrich. In der Nähe von Monzelfeld lag die Hinrichtungsstätte dieses Gebietes.

Zu den besonderen Aufgaben des Gerichtsboten gehörte es, unter dem Galgen das Todesurteil zu verlesen. Also mußte der Berglichter Zender jedesmal zur Gerichtsstätte, wenn ein Verurteilter gehängt wurde. Auf seinem Weg nach Monzelfeld kam er durch Gräfendhron, Haag und Elzerath. Ängstlich verschwanden die Kinder in den Häusern, schwangere Frauen schlossen Fenster und Türen, die Männer verdrückten sich in Stall oder Scheune, wenn der schwarz gekleidete Todesbote durch die Dörfer schritt. Schon sein Anblick brachte Unglück für Haus und Stall, so glaubte man.

Der gute Mann, der nur seine Pflicht erfüllte, litt sehr unter der Mißachtung. Er fühlte sich zutiefst gekränkt und verletzt. Ja, sein Ärger über das unverständliche Verhalten der Kinder und Erwachsenen wuchs von Tag zu Tag. Der Mann wurde verschlossen, sprach kaum noch jemanden an. Ausgestoßen aus der Gemeinschaft, ja, verachtet fühlte er

sich. Gram und Kummer zeichneten tiefe Furchen in sein Gesicht und in sein Herz. Rache schwor er schließlich, bittere Rache wollte er nehmen, besonders an den Bewohnern von Elzerath und Haag.

Der alte Gerichtsbote hatte seine Dienste getan, der alte Mann starb, und die Leute atmeten befreit auf. Endlich schreckte der schwarze Unglücksrabe niemanden mehr in den Dörfern. Aber bald geschahen merkwürdige Vorgänge.

Spielende Kinder hatten es zuerst bemerkt. In der Nähe des Struthwaldes hüteten sie das Vieh. Plötzlich ließ ein heftiges, unheimliches Rauschen in den Wipfeln der Bäume die Kinder aufhorchen. „Was war das?“ fragten sie sich ängstlich und schauten zum Wald hinüber. „Dort! Ein schwarzer Mann auf einem Schimmel hoch über den Bäumen!“ rief eines der Kinder. Nein, hier war es nicht geheuer, hier wollten sie nicht länger bleiben. Sie rannten ins nahe Dorf, ließen das Vieh vor Schreck zurück und erzählten ihr Erlebnis. Doch niemand wollte ihnen glauben.

Einmal ging spät am Abend der Förster von Haag in der Nähe des Struthwäldchens auf die Jagd. Es war eine sternklare Nacht, als er einen kapitalen Hirsch erblickte. Doch plötzlich verdunkelte sich der Himmel, schwere Gewitterwolken zogen von Berglicht herüber. Jeden Augenblick konnte ein Unwetter losbrechen.

Die ersten Blitze zuckten schon, der grollende Donner kam näher, da fuhr der Mann zusammen. Er traute seinen Augen und seinen Ohren nicht. Sah er Gespenster? Ein Mann mit sechs furchtbaren Hunden an der Leine, die ein schreckliches Gebell aufführten, jagte über die Wipfel der Bäume in Richtung Elzerath. Hoch aufgerichtet stand ein schwarz gekleideter Mann, der knallend die Peitsche schwang. „Hei, hupp! Zum Galgen rupp!“ meinte der Förster zu hören. „Das ist der Zender von Berglicht!“ rief der Waidmann, vergaß seine Jagd und eilte nach Hause. Am anderen Tage entdeckte er den prächtigen Hirsch, nach dem er gar nicht geschossen hatte, tot im Struthwäldchen.

Seitdem weiß man in den Dörfern, wer im Struthwäldchen haust, man weiß, wer Kinder und Wanderer erschreckt, und man meidet den unheimlichen Distrikt, in dem der Zender von Berglicht seine Rache nimmt.

Die treue Braut

In einem Seitental der Mosel, das weit in den Hunsrück hineinreicht, liegt hoch über dem Veldenzer Bach das Stammschloß der Grafen von Veldenz.

Einst zog ein junger Rittersmann von Burg Veldenz mit dem Heer des Kaisers in ein fernes Land. Beim Abschied steckte er seiner Braut einen goldenen Treuring an den Finger und versprach, nach dem Kriegszug die Angebetete zum Altar zu führen.

Lange war der Krieg beendet, die Gefolgschaft des Kaisers kehrte heim auf die umliegenden Burgen, nur der Veldenzer fehlte, niemand wußte etwas von ihm. Die unglückliche Braut weinte und trauerte Tage und Wochen um ihn, sie war untröstlich. Aber im tiefsten Herzen lebte dennoch ein Fünkchen Hoffnung und die Zuversicht, daß ihr Liebster zurückkehren werde.

Nach Jahr und Tag sprach die Mutter zu ihr: „Du hast nun lange genug getrauert. Dein Ritter ist tot. Gib mir den Ring, der dich immer wieder an den Toten erinnert. Siehst du dieses Zeichen der Liebe nicht mehr, so wirst du auch ihn vergessen und wieder fröhlich werden." Und sie redete so lange auf die Tochter ein, bis diese schließlich das Treuezeichen vom Finger streifte und der Mutter übergab.

Die Mutter warf den Ring in einen tiefen Brunnen. Doch es dauerte nicht lange, da fand ihn eine Magd in einem Eimer Wasser, den sie aus dem Brunnen geschöpft hatte. „Bricht Wasser nicht den Zauber des Ringes, so wird es die Erde tun", sprach die Mutter, nahm den Ring an sich und vergrub ihn im Garten. Eines Tages schritt die Tochter sinnend zwischen den Beeten hindurch. Wie erschrak sie, als der Goldreif an einer Bohnenranke funkelte. Freudig steckte sie ihn an den Finger und nahm sich fest vor, sich nie mehr von ihm zu trennen. Die Mutter geriet darüber in heftigen Zorn. „Gib mir sofort den Ring her“, schrie sie, „ich werde ihn vernichten, damit er deinen Frieden nicht wieder stören wird!“

Sie versuchte, ihrer Tochter den Ring mit Gewalt zu entreißen, da öffnete sich die Tür, und der Totgeglaubte trat heil und gesund ein und schloß die getreue Braut glückselig in die Arme.

Der kostbarste Edelstein

Einst saßen die Ritter aus dem Moseltal und von den Hunsrückhöhen mit ihrem Erzbischof, dem Herrn Lothar von Metternich, auf der Burg Landshut hoch über Bernkastel zusammen. Der Kurfürst gab seinen edlen Mannen ein fröhliches Fest.

Der verheißungsvolle Duft der blühenden Reben des nahen Wingert hing berauschend im Rittersaal, der goldene Wein von den bergigen Hängen floß reichlich, und die weinselige Laune und Stimmung der Gesellschaft schwappte fast über. Trunken von der Kraft des Weines und angeregt von der Schönheit der anmutigen Landschaft, rühmten sie sich plötzlich ihres Reichtums an mächtigen Burgen, an reichen Gütern und anderen unermeßlichen Schätzen von Gold und Edelsteinen. Zum Beweis ihres Wohlstandes zeigten sie ihre Edelsteine, mit denen sie sich anläßlich dieses Festes geschmückt hatten.

Der eine protzte mit einem Fingerring, an dem ein herrlicher Smaragd leuchtete, ein anderer legte seinen Schwertknauf mit blitzenden Diamanten auf den Tisch, andere zeigten ihren Gürtel, geziert mit seltenen Kleinodien. Schließlich streifte der Kurfürst seinen Bischofsring vom Finger. Alle meinten, diesem Ring gebühre der erste Preis, er trage den funkelndsten Rubin, den man je gesehen habe. Sie ließen den Ring von Hand zu Hand gehen, und ein jeder wußte seine auffallende Schönheit gebührend zu preisen, bis er zum Ritter von der Leyen kam. Dieser betrachtete ihn aufmerksam, doch stumm reichte er ihn an den Kurfürsten zurück.

„Nun, Graf von der Leyen“, rief der Erzbischof verwundert, „warum sagt Ihr nichts? Wollt Ihr mir den Preis streitig machen?“

Der Ritter antwortete bedächtig: „Mein Fürst, gern hätte ich Euch den Ruhm gelassen, doch da Ihr mich fragt, so muß ich Euch gestehen, daß mein Ring einen Stein trägt, mit dem die Eurigen alle nicht zu vergleichen sind!"

Das war eine kecke Rede, und voller Verwunderung verlangten die Herren, den wertvollen Ring zu sehen. Noch größer allerdings war das Erstaunen, als sie in dem Goldreif nichts entdeckten als einen schlichten, blauschimmernden Schieferstein. Alle lachten über diese „Kostbarkeit" und fielen mit reichlichem Spott über den Herrn von der Leyen her.

„Herr Graf", sprach der Erzbischof, „solche Steine werden hier täglich in großen Wagen über die Straßen gefahren. Mit diesen Steinen baut man Häuser und Burgen. Und, lieber Graf, sie sind blind und matt, diese Steine, so wie der Eure. Wie kann man sich daran erfreuen?"

Der Graf von der Leyen stand auf, bat den Kurfürsten und die übrigen Herren ans Fenster, zeigte ins weite Moseltal und sagte: „Schaut, Herr Kurfürst, drunten im Tal seht Ihr meine Burg, um die wie pures Gold jener Wein wächst, den einer Eurer Vorfahren auf dem Bischofsstuhl einst ‚Doktorwein' genannt hat. Schaut flußauf und flußab, überall im Tale wächst der edelste Wein aus dem gleichen Stein, wie ich ihn am Finger trage. Mein Geschlecht trägt den Namen dieses Steines, doch nicht deshalb ziert er meinen Ring. Der Schiefer erzeugt das Gold des Moselweines, darum ist dieser Stein mehr wert als alle Eure Edelsteine. Der Schieferstein ist unser kostbarster Edelstein!"

Da verstummten die Herren, auch der Erzbischof schaute sinnend ins Tal. Jetzt wußte er, welchem Stein er den Reichtum seines Landes verdankte.

Bauerntreue

Auf schwindelnder Höhe über dem Moseltal liegen die wenigen Häuser des Dorfes Starkenburg. Hier stand vor vielen Jahrhunderten die stolze Burg eines uralten und mächtigen Geschlechts.

Einst geriet ein Ritter von Starkenburg in heftige Auseinandersetzungen mit einem Ritter aus dem Hunsrück. Dieser überfiel die Dörfer des Herrn von Starkenburg, zündete die Hütten an, verschleppte Männer und Frauen und verwüstete die Felder. Das konnte der Starkenburger sich nicht bieten lassen, und er rief seine Vasallen auf die Burg.

Insgeheim stellte er eine kampfstarke Truppe zusammen und zog gegen die Burg seines Feindes. Doch die Vorbereitungen blieben nicht so geheim, wie er sich vorgestellt hatte. Der Hunsrücker erfuhr von dem Vorhaben des Ritters und wollte nun während dessen Abwesenheit die Starkenburg überfallen, die nur mit einigen Wachsoldaten besetzt war. Er glaubte, die starke Festung leicht einnehmen zu können.

Doch die Bauern, deren Hütten damals noch zerstreut am Fuße des Felsens lagen, bemerkten den Anmarsch des Feindes, wußten aber auch, daß ihr Herr die Burg schutzlos zurückgelassen hatte. Sie rotteten sich zusammen und zogen zur Starkenburg. Hier erwarteten sie den feindlichen Ritter.

Tapfer verteidigten sie die herrenlose Burg, wagten sogar einen Ausfall und jagten schließlich den Feind mit Schimpf und Schande davon.

Der Ritter von Starkenburg fand die Burg seines Feindes wehrlos und nahm sie ein. Als er von seinem Kriegszug zurückkehrte, war er überrascht, seine Bauern vor der Burg anzutreffen. Doch als er hörte, was während seiner Abwesenheit geschehen war, freute er sich und rief aus: „So treue Bauern will ich immer in meiner Nähe haben!“

Den Ärmsten unter ihnen baute er Häuser auf der Höhe. So belohnte er die Treue seiner Untertanen. Aus der kleinen Siedlung entstand nach und nach das Dorf Starkenburg.

Die Burg ist längst zerfallen, aber das Dorf Starkenburg erinnert heute noch an das edle Rittergeschlecht und die treuen Bauern von einst.

GRÄFIN LORETTA

Auf einem Kamm hoch über dem steilragenden Hang der herrlichen Moselschleife von Traben-Trarbach bis Enkirch thront das kleine Dorf Starkenburg. Kümmerliche Trümmerreste erinnern heute noch an die Stelle, an der vormals die ritterliche Burg stand, die dem Dorf den Namen gab.

Zur Zeit des Trierer Kurfürsten Balduin lebte hier Heinrich von Starkenburg, dem die Hintere Grafschaft Sponheim gehörte. Sein Gebiet erstreckte sich von Birkenfeld über den Hunsrück bis zur Mosel. Dieser Landstreifen unter sponheimischer Herrschaft war dem Kurfürsten ein ständiger Dorn im Auge. Deshalb hatte er auch 1312 als Stützpunkt gegen die Grafen von Sponheim die Baldenau errichtet.

Als Heinrich von Sponheim nun von einem Zug ins Heilige Land nicht mehr zurückkehrte, glaubte Balduin, mit der Witwe Loretta leichtes Spiel zu haben. Er baute in der Nähe von Birkenfeld auf sponheimisches Gebiet eine Burg und machte der Gräfin damit ihr Eigentum streitig. Ein erbitterter Streit begann. Die Frau und Mutter kämpfte um das Erbe ihrer Kinder. Die Vermittlung wohlgesinnter Freunde und Verwandter beendete die langen Auseinandersetzungen, und die Gräfin schloß mit dem Kurfürsten einen Waffenstillstand.

Der Kampf war zwar beendet, aber die Gräfin Loretta war nicht zufrieden. Als eines Tages ihre Späher meldeten, der Kurfürst werde mit einem kleinen Schiff und geringer Begleitung moselabwärts nach Koblenz fahren, erkannte sie eine günstige Gelegenheit, ihres großen Gegners habhaft zu werden. An geeigneter Stelle ließ sie unter dem

Wasserspiegel eine starke Kette spannen, die den Fluß absperrte. Ahnungslos fuhr Balduin in die Falle. Die plötzlich straff gezogene Kette zwang sein leichtes Fahrzeug zu halten, und von der Übermacht der Mannen Lorettas überwältigt, ward der Kurfürst gefangen und auf die Starkenburg geführt. Dort empfing ihn die Gräfin mit allen seinem Stand gebührenden Ehren, hielt ihn aber in sicherem Gewahrsam. Selbst der Bannstrahl des Papstes konnte ihn nicht aus den Händen Lorettas befreien.

Lange zogen sich die Verhandlungen hin. Endlich verpflichtete sich Balduin, der Gräfin ein hohes Lösegeld zu zahlen, ihr die Feste bei Birkenfeld zu übergeben und mit ihr ein festes Bündnis zu schließen.

Nach seiner Freilassung hielt der Kirchenfürst diese Versprechungen aufs Wort, ja, er schloß sogar Freundschaft mit der Frau, die so mannhaft für die Rechte ihrer Kinder gekämpft hatte.

Über 600 Jahre sind es her, da begann unten im stillen Tal zwischen Buch und Mastershausen ein ungewohntes, reges Treiben. In den Ausläufer der „Sang“, zwischen Schombach und Bröhlbach, wurde ein tiefer Halsausschnitt getrieben, so daß ein einzelner Felskegel entstand. Auf ihm fing man an zu bauen.

Ringsum in den Bergen brachen Männer in harter Fronarbeit gewaltige Gesteinsbrocken aus dem Schiefer, karrten sie an den Fuß der Felsnase und schleppten sie unter Stöhnen und Fluchen den steilen Hang hinauf.

Jeden Morgen brachte eine Fuhre von Buch her ein Faß frische Milch, die unter den Mörtel gemengt wurde, um ihn für Jahrhunderte fest und widerstandsfähig zu machen. Der Bau nahm Formen an und wuchs langsam zum Himmel.

Droben im Gebüsch des Hasselberges, der Baustelle gegenüber, hatte sich der Teufel niedergelassen und beobachtete neugierig das emsige Treiben. Was sollte da entstehen? Eine Kirche oder gar ein Kloster? Gab es denn immer noch nicht genug von solchen Bauten? Waren doch eine halbe Wegstunde von hier, in Mörz, Kirche und Kloster, wohin die frommen Landleute von weither pilgerten. Und folgte man dem Bachlauf, so kam man in wenigen Stunden zum Kloster Engelport, wo fromme Nonnen Tag und Nacht das Lob Gottes sangen. All das war zu viel für den Leibhaftigen, und boshaft raunte er dem Aufseher ins Ohr, noch härter und unbarmherziger mit den Arbeitern umzugehen.

Doch sieh! Ein Reitertrupp nähert sich von Buch her. An der Spitze erkennt der Teufel den Vornehmsten auf feurigem Rappen, die kleine Gestalt mit herrischer Bewegung. Balduin ist es, der Kurfürst und Erzbischof von Trier. Er will sich vom Fortschritt des Neubaus überzeugen.

Für den Satan ist nun alles klar: Hier kann nur eine Kirche oder ein Kloster entstehen! Doch nie und nimmer sollte das sein, das mußte vereitelt werden. Schon hatte er einen Plan. Mit seinen Teufelskräften wollte er gegen das Bauwerk springen, die Mauern und Gerüste einstürzen und darunter seinen Feind, diesen Erzbischof, den Baumeister, die Aufseher und Arbeiter begraben. Und er setzte zu einem gewaltigen Sprung an.

Ein riesengroßer Schatten schwirrte vom Hasselberg gegen den Felskegel, wie von einem Flügelrauschen zischte die Luft, Baumkronen brachen ab, und Staub wirbelte auf. Ein mächtiges Poltern und Krachen, dann herrschte Stille. Einen Augenblick lang hatten die Mauern gewankt, aber nichts wurde zerstört, niemand verletzt.

Der Teufelssprung war mißglückt. In seiner Wut und Aufregung hatte der Böse sich verrechnet, war zu kurz gesprungen und an der Seite des Felsens gelandet.

Im Burghof führt rechts durch das Gebüsch unter den Kastanien ein Pfädchen dorthin. „Teufelswiege" nennt der Volksmund die sonderbare Vertiefung im harten Gestein. Man kann sogar erkennen, wo des Teufels Schwanz und Tatze gelegen haben.

Das verwunschene Fräulein von Balduinseck

Einer der Vögte auf Schloß Balduinseck hatte drei wunderschöne Töchter. Die beiden ältesten, auffallend eitel und stolz, führten ein dirnenhaftes Leben, hielten die jungen Burschen zum Narren und waren vorlaut und keck gegen jedermann. Sie suchten ständig ihr Vergnügen bei Tanz und losen Spielen. In die Kirche gingen sie zwar, um den äußeren Schein zu wahren und weil der Vater darauf drängte, aber von Andacht war bei ihnen keine Spur.

Kurz, ihr Lebenswandel entsprach nicht dem der anderen Burgdamen. Die jüngste Schwester dagegen war ein braves Kind, das fromm und zurückhaltend auf Schloß Balduinseck lebte. Sie wußte zwar von dem leichten Leben der Schwestern, redete auch auf sie ein, sich zu ändern, aber sie sagte sonst niemandem etwas davon.

Es war an einem Sonntag, als die drei Schwestern, wie es stets Brauch war, über den Schloßkopp hinauf zur Martinskirche auf der Berensknipp zum Hochamt fuhren. Andächtig verfolgte die jüngste die heilige Meßfeier, die beiden anderen Schwestern jedoch weilten mit ihren Gedanken fernab bei weltlichen Dingen, bei Spiel und Tanz.

Nach dem Gottesdienst schritten sie erleichtert und froh, ihre Sonntagspflicht erfüllt zu haben, zu ihrer Kutsche und fuhren zurück zur Burg. Noch während der Fahrt alberten sie herum und heckten wieder kleine Teufeleien aus. Doch plötzlich ging ein Ruck durch die Kutsche, die Erde erbebte, ein breiter Spalt klaffte auf dem Fahrweg und verschlang Roß und Wagen, den Kutscher und die drei Burgfräulein. Sofort schloß die Erde sich wieder, und man sah nicht einmal mehr die Stelle, an der das Unheimliche geschehen war.

Viele Jahre waren seitdem ins Land gegangen, als der Schäfer Jörg seine Herde auf dem Schloßkopp bei Buch weidete. Es war ein frostigkalter Januartag. Nicht der kleinste Sonnenstrahl vermochte die schneeschweren Wolken zu durchdringen, alles war in Kälte erstarrt. Gierig knabberten die hungrigen Tiere an kahlen Birkenknüppeln und an dürftigen Ginsterstauden.

„Wenn es doch nur schneien wollte", murmelte der alte Schäfer, „damit die Kälte herunterkäme", und fester wickelte er sich in seinen dicken Schafspelz. So ging er in Gedanken zwischen den blökenden Schafen hin und her. Plötzlich entdeckte er eine golden leuchtende Schlüsselblume, so schön, wie er noch nie eine gesehen. „Wie? Eine Schlüsselblume zu dieser Zeit, noch dazu hier auf dem Schloßkopp, wo doch sonst nichts wächst als Ginster und Heide? Die nehme ich der kranken Tante Amichen mit, die wird sich riesig freuen!"

Jörg pflückte mit klammen Fingern die Blume, steckte sie an den Hut und wollte gerade seinem Hund pfeifen, als er in unmittelbarer Nähe ein weißgekleidetes Fräulein gewahrte. Starr vor Schreck blieb er stehen. Das Mädchen jedoch winkte dem Schäfer freundlich zu, deutete ihm, ihr zu folgen, und schritt voraus zur nahen Burg Balduinseck. Wie von einem inneren Drang getrieben, ging der Schäfer hinter ihr her.

Die holde Erscheinung klopfte an die schwere eiserne Kellertür der Burg, und sofort sprang sie geräuschlos auf. Beide traten ein. Als der Mann sich an die Dunkelheit gewöhnt hatte, traute er seinen Augen nicht. Rings an den Wänden standen schwere, eisenbeschlagene Kisten. Auf der ersten am Eingang saß ein schwarzer, greulicher Hund. Mit einer Geste verscheuchte das Mädchen das Ungeheuer und öffnete die Kiste. Nichts als Silbergeld und Goldstücke lagen vor ihm. Dem Schäfer wurde ganz schwindelig beim Anblick solcher Reichtümer. So etwas hatte er noch nie gesehen. Noch mehr überrascht war er, als das Fräulein ihn ansprach: „Nimm dir davon, soviel du willst, aber vergiß den Schlüssel nicht!"

Das Mädchen mußte ihn nochmals ermuntern zuzugreifen, dann erst füllte er sich die Taschen seines Kittels, die Taschen seines weiten Mantels, selbst den Hut nahm er vom Kopf, drehte ihn um und raffte hinein, was hinein ging.

„Nimm dir noch mehr", sagte das Fräulein, „aber vergiß den Schlüssel nicht!"

„Ich danke dir", sagte Schäfer Jörg, „ich danke dir von Herzen, aber ich kann nicht mehr tragen", und er wandte sich dem Ausgang zu. „Vergiß den Schlüssel nicht!" bettelte das Fräulein. Der Mann wußte nicht, was das bedeuten sollte, und verließ den Keller.

Mit traurigem Blick folgte die Erscheinung, und die schwere Eisentür fiel ins Schloß. Draußen klagte das Mädchen: „Du hast mich erlösen sollen, die Schlüsselblume war der Schlüssel. Erst hast du dich darüber gefreut, aber als du das viele Gold sahst, hast du nicht mehr daran gedacht und sie achtlos auf der Erde zertreten. In diesem Augenblick fällt eine Eichel. Wenn der Baum, der daraus wächst, gefällt wird, macht man eine Wiege aus dem Holz, und das erste Kind, das darinnen liegt, kann mich wieder erlösen." Sprach's und verschwand.

Der Schäfer ging betrübt und nachdenklich zu seiner Herde zurück. Es war die jüngste der drei Schwestern, die mit seiner Hilfe hätte erlöst werden können. Doch das viele Gold in seinen Taschen tröstete ihn und erinnerte ihn zeit seines Lebens an das wundersame Erlebnis mit dem verwunschenen Burgfräulein von Balduinseck.

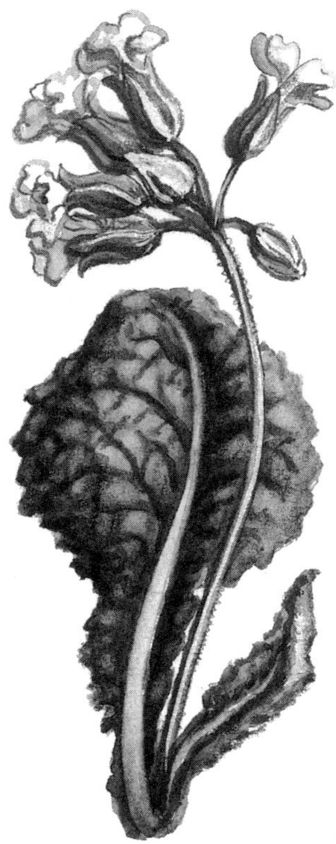

Schatzgräber auf Balduinseck

Drei junge, kühne Burschen aus Buch hatten sich eines Tages entschlossen, den Schatz im Keller von Balduinseck zu heben, den Schatz, von dem Schäfer Jörg so viel erzählt hatte. Der Schäfer war ja nun reich für sein Lebtag, und alle Welt wußte, wie er es geworden war. Die drei Burschen wollten ihre Sache jedoch besser als der alte Schäfer machen, sie wollten den gesamten Schatz ans Tageslicht bringen und auch das Burgfräulein erlösen.

Bei Tagesanbruch eilten sie hinab zum Schloß. Noch lag das Tal im Morgendämmer, und die Frühnebel stiegen hoch. Lange suchten sie nach der geheimen Kellertür, und gerade lachte der erste Sonnenstrahl über die Sang, da entdeckten sie hinter Gedörn und Gestrüpp, halb von Felsgeröll verschüttet, die verrostete Eisentür zum Eingang.

„Jetzt aber still, ihr wißt, daß beim Heben eines Schatzes kein Wort gesprochen werden darf, sonst ist die ganze Mühe umsonst. Also denkt daran!" mahnte einer der drei Burschen. Schweigend gingen sie an die Arbeit. Doch die Tür wollte sich nicht öffnen lassen. Das Brecheisen her! Ein Stöhnen und Ächzen, ein Krächzen und Kreischen — da, die Tür drehte sich in den rostigen Angeln, ein pechschwarzer Raum lag vor ihnen. Modrige Luft schlug ihnen entgegen, in der gähnenden Leere glühte etwas feurig Leuchtendes.

Jetzt nur Mut und ruhig Blut, dachten die Burschen. Als sie sich an das Dunkel gewöhnt hatten, erkannten sie einen großen schwarzen Hund, der als Wächter auf einer mächtigen Kiste saß. Mit Handbewegungen scheuchten sie das zähnefletschende Ungeheuer hinweg, packten die eisernen Griffe der schweren Truhe und schleppten sie hastig zum Eingang. Schon waren sie draußen und atmeten erleichtert auf, schon wähnten sie sich glücklich und reich. Doch der letzte, der gerade die Schwelle überschreiten wollte, konnte nicht mehr an sich halten und rief aus tiefstem Herzen: „Ha, das haben wir geschafft!" In diesem Augenblick schlug die mächtige Eisentür zu und zerquetschte dem Sprecher den Fuß, der noch zwischen Tür und Schwelle stand. Die Kiste mit den reichen Schätzen aber blieb für immer verschwunden.

Später wollten einige Burschen von Mastershausen ebenfalls im Burginnern nach Schätzen graben. Sie hatten den ganzen Tag hart gearbeitet, das Erdreich aufgewühlt und hier und dort ihr Glück versucht. Enttäuscht wollten sie gerade Feierabend machen, da stieß einer mit der Hacke auf etwas Metallenes. Hastig gruben sie weiter, jetzt waren sie an der richtigen Stelle. Das fahle Licht des Mondes leuchtete ihnen bei der fleißigen Arbeit.

Endlich hatten sie die Ecke einer eisernen Kiste freigelegt. Plötzlich stieß der Nachtwächter in Mastershausen in sein Horn, der aus Buch antwortete. Zwölf Uhr! Mitternacht! Unversehens sprang ein schwarzer Hund mit glühenden Augen und aufgerissenem Rachen auf die Kiste. Starr und sprachlos standen sie da. Wie auf ein geheimes Zeichen drehten sie sich um und rannten, was die Beine trugen, ohne noch einmal zurückzuschauen.

Nach Tagen wagten sie sich wieder zur Burg. Das frisch gegrabene Loch war noch offen, Hacken und Schaufeln lagen herum, aber von der Schatzkiste war nichts mehr zu sehen.

Die Eidechsenprinzessin

Ein braver Bauernbub hütete einst im Bucher Tal die Kühe. Langgestreckt lag er im Gras, während die Tiere friedlich weideten. Als er einmal den Kopf wandte, sah er dicht neben sich eine kleine Eidechse, die züngelnd auf einem Stein stand. Neugierig betrachtete er das niedliche Tierchen. Siehe da, es hatte sogar ein goldenes Krönchen auf dem Kopf und blickte unentwegt mit den kleinen schwarzen Äuglein hin und her, so, als ob es dem Jungen ein Zeichen geben wollte.

Nach einer Weile hörte er ein helles Stimmchen: „Folge mir! Folge mir, du sollst auch belohnt werden!“ Hurtig schlängelte sich die Eidechse über Stock und Stein ins Tal hinab. Der Junge ließ sich einen reichen Lohn nicht zweimal versprechen, und vorsichtig folgte er dem Tier.

Unten im Tal führte die Eidechse den Hirtenbub durch die Ruine Balduinseck in einen unterirdischen Gang. Ganz finster war es dort, und der Junge mußte aufpassen, daß er sich nicht den Kopf stieß oder das Tierchen am Boden zertrat. Bald weitete sich der Gang, und es wurde hell und heller. Plötzlich stand er geblendet in einer kristallglitzernden hohen Halle. Gold, Silber und Edelsteine funkelten an den Wänden. Staunend blieb er stehen. Da! Was war das? Ein fürchterliches Untier kroch lauernd wie ein Drachen auf ihn zu. Angst lähmte ihn, wie erstarrt stand er da. Doch dann löste er sich von dem schrecklichen Anblick. Mit einem Entsetzensschrei floh er vor dem aufgesperrten Rachen des Ungeheuers und jagte schleunigst davon, nichts wie heim. Die verlockende Belohnung, ja selbst die

Kühe hatte er vergessen. Völlig außer Atem erzählte er seinen Eltern, was er erlebt hatte.

Der Vater beruhigte den Jungen und konnte ihm die Zusammenhänge erklären. „Die Eidechse mit der Krone ist eine verwunschene Prinzessin“, sagte der Vater. „Alle hundert Jahre erhält die arme Prinzessin einmal die Gelegenheit, den bösen Zauberspruch zu brechen und ihr Schicksal zu wenden. Es muß ihr aber jemand dabei helfen. Diesmal warst du, mein Junge, dazu auserwählt. Du hättest die Prinzessin leicht erlösen können und hättest alle Schätze in der Halle erhalten. Nur eine Bedingung ist dabei, die muß man kennen. Dem Untier mußt du einen Stein in den Rachen werfen, dann kriecht es weg und tut dir nichts. Aber noch eins, bei allem darfst du weder sprechen, rufen noch singen oder schreien. Wird ein menschlicher Laut hörbar, so kann die Prinzessin nicht erlöst werden und muß weitere hundert Jahre warten.“

Noch immer wartet die Eidechsenprinzessin auf einen Erlöser. Doch niemand weiß, wann wieder hundert Jahre vorbei sind und die Prinzessin erlöst werden kann.

MARIARUH

Abseits der Hunsrückhöhenstraße, zwischen Kastellaun und Mörz, findet man im Walddistrikt Schlaubrich in wundersamer Einsamkeit, inmitten eines rauschenden Buchenwaldes, ein einsames Kreuz. Fromme Menschen haben ein kleines Blumengärtlein zu Füßen des Gekreuzigten angelegt und eine Kniebank aufgestellt. Eine Sitzbank lädt den Wanderer zur Rast ein, ein Wasser plätschert melodisch neben dem Kreuze zu Tal.

„Maria Ruh 1662 — Renovatum 1844" steht auf dem Kreuzesbalken zu lesen. Mariaruh heißt nämlich der stille Ort mit dem einsamen Kreuz seit Jahrhunderten. Damals war eine schlimme und arme Zeit. Der Dreißigjährige Krieg hatte im Hunsrück gewütet, hatte Dörfer und Städte zerstört, hatte ganze Landstriche verarmt und entvölkert.

Auch Mörz, ehedem ein großes und ansehnliches Dorf, war zerstört worden. Nur das wundertätige Bild der schmerzhaften Gottesmutter in der zerfallenen Kirche war unversehrt geblieben. Dieses Bild, seit Generationen den Menschen des Dorfes vertraut, strahlte Zuversicht und Hoffnung aus, gewährte auch den Bewohnern der ganzen Umgebung, die hier ihre Anliegen vortrugen, Hilfe in arger Not.

Nun faßten einige Männer aus Kastellaun den Entschluß, die Statue heimlich zu entwenden und in der Kreuzeskapelle aufzustellen. Sie wollten Kastellaun zu einem Wallfahrtsort machen, viele Fremde in ihren Ort locken, die das Geschäft beleben sollten. Habgier, kein gläubig frommer Sinn, trieb sie zu diesem Vorhaben.

Zu nachtschlafender Zeit schlichen zwei gedungene Männer nach Mörz, raubten dort die Statue und eilten auf kürzestem Wege nach Kastellaun. Glücklich kamen sie bis zu jenem Wässerlein im Schlaubrich, setzten ihre Last zu einer kurzen Rast ab und wollten dann im Schutz der Nacht eilig weiter. Sie packten das Bildnis, hoben es an, doch umsonst! Die Statue vermochten sie nicht zu bewegen. Schwer und schwerer wurde sie. Die gottlosen Räuber versuchten, mit eilig herbeigeschafften Pferden das Bildnis weiterzuschleppen, aber keinen Zoll brachten sie es von der Stelle. Da erkannten die Männer den Finger Gottes und flohen entsetzt nach Hause.

Die Leute von Mörz fanden das entwendete Gnadenbild und führten es zurück an seine angestammte Stelle. Keine frevelnde Hand hat seitdem jemals versucht, das Bildnis auch nur anzurühren. Zur Erinnerung errichtete man das Kreuz an jener Stelle, an der dieser schändliche Raub durch Gottes Eingreifen sein Ende fand.

Der Riese von Treis

Vor vielen hundert Jahren lebte im Treiser Schock ein ungeheurer Riese, der sein Unwesen in den Wäldern des Hunsrücks trieb. Er lebte in einer tiefen, dunklen Höhle, deren Eingang mit großen Steinblöcken geschützt war.

Besonderes Vergnügen bereitete es ihm, die Menschen, die auf den Feldern oder im Wald arbeiteten, mit riesigen Felsbrocken zu vertreiben. Fast täglich ging er in den ausgedehnten Wäldern zur Jagd. Jedes Wild, das er antraf, erlegte er mit Pfeil oder Speer. Begegnete ihm auf seinen Jagdzügen ein Mensch, so mußte er ihn begleiten, kein Bitten und Flehen half. Der Riese schritt dann über Stock und Stein, über Berg und Tal ohne Rücksicht auf das arme Menschenleben. Ja, am Abend jagte er den bis auf den Tod abgehetzten Begleiter mit fürchterlichem Gebrüll und gefährlichen Drohungen hinweg. Das riesige Scheusal war daher in der ganzen Gegend gefürchtet und verhaßt, und jeder vermied möglichst eine Begegnung mit ihm.

Am Südende des Waldes lebte ein frommer Einsiedler in seiner Hütte. Er besaß dreizehn flache Steinchen, die wunderbar glänzten und eine geheimnisvolle Kraft ausstrahlten. Hielt man nämlich ein solches Steinchen dem Riesen vor die Augen, so wurde er von dem seltsamen Glanz so geblendet, daß man ungehindert seinen Weg fortsetzen konnte. Mußte nun jemand über den Schock zur Mosel hinabgehen, so bat er den frommen Mann um ein Steinchen.

Eines Tages kamen nun zwölf Männer auf dem Wege zur Mosel, liehen sich beim Einsiedler je einen Stein aus und zogen frei von Angst vor dem

Menschenschinder weiter. Schließlich kam noch ein Junge, auch er bat um einen Stein. Das letzte Steinchen jedoch wollte der fromme Mann nicht gerne hergeben, doch als das Kind in seiner Not und Angst so bitterlich weinte, ließ er sich erweichen und gab das letzte Steinchen her.

Der Junge machte sich auf den Weg und kam an der Höhle des Riesen vorbei. Mit Gebrüll stürzte das Scheusal hervor, wütend, weil er schon die zwölf Männer unbehelligt hatte ziehen lassen müssen. Der Bub erschrak beim Anblick des Riesen so sehr, daß er das rettende Steinchen fallen ließ. Vergebens suchte er im hohen Gras, kroch auf dem Boden umher, und plötzlich merkte er, wie der Riese verstummte und kleinlaut in seiner Höhle verschwand. Froh und unbelästigt setzte der Knabe seinen Weg fort.

Am Abend kamen die zwölf Männer auf ihrem Heimweg zum Einsiedler zurück und berichteten verwundert, daß der ungeheure Riese sich auf dem Rückweg nicht einmal mehr habe blicken lassen. In diesem Augenblick traf auch der Junge ein, völlig aufgelöst in Tränen, und unter Schluchzen gestand er, daß er das hilfreiche Steinchen verloren habe. Da erkannten alle, daß der Riese nunmehr in seine eigene Höhle gebannt war und das verlorene Steinchen ihm den Ausgang versperrte.

Voll Dank gegen Gott erbauten der Einsiedler und die Menschen der Umgegend neben der Klause eine Kapelle. Später entstand hier ein Hof, „Gotteshof" genannt.

Der Esel und der Kurfürst

In Beilstein an der Mosel ließ ein Müller regelmäßig sein Mehl von einem Esel an den Fluß zum Verladen tragen.

Eines Tages nun drängten sich die Beilsteiner Bürger neugierig am Ufer der Mosel. Ein hoher Gast hatte sich angesagt. Der letzte Kurfürst von Trier, der leutselige Klemens Wenzeslaus, war mit seinem Schiff unterwegs nach Ehrenbreitstein und hatte vor den Toren der Stadt angelegt. Die hohe Beamtenschaft wollte ihm eben ihre Huldigung darbringen.

Der Müller zog gerade zu dieser Zeit wieder mit seinem beladenen Esel zur Mosel hinab. Das Grautier kannte seinen Weg und schritt unbeirrt und stur, wie nur ein Esel eben sein kann, durch die Zuschauermenge. Bereitwillig wichen die Neugierigen dem Lastenträger aus, denn niemand wollte seinen Feiertagsrock von einem Esel ruinieren lassen. So gelangte das Tier unbehelligt bis an die Mosel und blieb gerade neben dem Amtmann stehen.

Der hatte soeben seine Begrüßungsansprache begonnen, wohl etwas gestochen und steif und offensichtlich gar nicht nach dem Geschmack des Esels, der mit gespitzten Ohren angestrengt zu lauschen schien und ab und zu den Kopf schüttelte. Ob es den Esel nun verdroß, daß er seine Säcke nicht los wurde, oder ob die schmeichelhaften Töne des Amtmannes ihm in den Ohren schmerzten und er den hohen Herrn auf seine Weise begrüßen wollte, ist nicht geklärt. Jedenfalls scharrte er zunächst unmutig mit den Hufen, fuchtelte ungehalten mit dem Schwanz hin und her und unterbrach schließlich die langweilige Rede des Amtmanns durch ein langgezogenes „I-aa, I-aa!"

Das peinliche Schweigen und die stumme Verlegenheit der gesamten Beamtenschaft lösten sich jedoch schnell, als der Kurfürst, ob aus Schalkhaftigkeit oder Schwerhörigkeit, mit einer abwehrenden Handbewegung rief: „Aber meine Herren, einer nach dem anderen!"

DER GEIST AUF DER WILDBURG

Hoch über Treis, auf einem zerklüfteten Felsmassiv, das sich vom Hunsrück neugierig ins Moseltal drängt, ragt die Wildburg zum Himmel.

Vor langer Zeit, als nur noch Ruinen an die einst stolze Burg erinnerten — seit 1957 ist sie wieder aufgebaut —, kam ein Bursche aus dem Hunsrück spät abends von der Arbeit auf seinem Heimweg an dem Ort vorbei. Er war müde von der harten Tagesarbeit im Wingert und hatte noch eine recht weite Strecke vor sich. So beschloß er, sich im Schutz des alten Mauerwerkes auszuruhen.

Im Palas, an der am meisten geschützten Stelle, wollte er die Nacht verbringen. Er sammelte herumliegendes Holz und entfachte ein wohliges Feuer. Nun war er für die Nacht bereit und wärmte sich an der Glut. Kaum lag er auf der Erde, fuhr er auch schon hoch. Ein menschlicher Arm, dann ein zweiter, Beine, Leib und Kopf kamen aus heiterem Himmel herabgefallen, gerade ihm zu Füßen. Im Nu fuhren die Glieder zusammen, und vor ihm stand ein riesenhafter, furchterregender Mann. Noch bevor der Bursche sich von seinem Schreck erholen konnte, sprach die nächtliche Erscheinung ihn an: „Wenn du keine Furcht kennst, so begleite mich!"

Ganz verdattert stand der junge Mann auf und folgte dem unheimlichen Gespenst. An einer Felswand ward plötzlich eine Tür sichtbar, die der unheimliche Fremde mit einem Schlüssel öffnete. Mit einer Handbewegung hieß er den Burschen eintreten.

Ein hellerleuchteter Saal lag vor ihm. Staunend glitt sein Blick über die Wände. Lange Speere, alte Ritterrüstungen, Harnische und Waffen aller Art hingen dort. In den Ecken standen reichverzierte Truhen, die erstaunliche Schätze bargen. Gleich neben der Eingangstür stand ein kleiner Tisch, auf den der Mann den Schlüssel legte. Nach einer Weile wandte er sich an den Burschen: „Von all diesen Schätzen darfst du dir etwas aussuchen und mitnehmen, aber bedenke wohl, was du dir nimmst!"

Die Wahl fiel schwer. Nach langem Zögern griff der junge Mann nach einer herrlichen Armbrust und wandte sich dem Ausgang zu. Zornig fuhr die gespenstige Erscheinung ihn an: „Du törichter Mensch, konntest du dir nichts Besseres als eine Waffe aussuchen? Hättest du den Schlüssel vom Tisch genommen, so wäre alles in diesem Saal dein eigen gewesen, und ich wäre endlich erlöst. Nun mach, daß du fortkommst!"

Schnell sprang der Bursche zur Tür hinaus, doch nicht schnell genug. Sie schlug so rasch hinter ihm zu, daß sie ihn noch an der Ferse verletzte. Eilig humpelte er durch die Nacht nach Hause. Noch oft kam er später zur Wildburg und suchte den verborgenen Eingang zu den unterirdischen Schätzen, aber nichts fand er, nichts als blanke Felsen.

Die Gründung des Klosters Engelport

Man schreibt das Jahr 1220. Der Herbst ist über die Hunsrückwälder hereingebrochen, und überall erschallt das fröhliche Trara der Jagdhörner. Auch Ritter Emelricus von Monreal hat seine Waidgenossen zu Fankel versammelt. Heute soll die Jagd in seinen ausgedehnten Wäldern im Hunsrück beginnen. Die Reitpferde stampfen ungeduldig, und die Schar der Treiber zieht schon die Weinbergswege hinauf, dem Walde entgegen. Endlich ist alles besprochen und geordnet, da gibt Emelricus ein Zeichen. Der erste Hornruf schmettert zum Wald empor; Ritter und Knappen traben zu ihren angewiesenen Ständen, Jäger und Treiber beziehen ordnungsgemäß Stellung. Die Jagdhunde hecheln und zerren ungeduldig an ihren Leinen, da winkt Ritter Emelricus, und der zweite Hornruf erschallt: „Aufbruch zur Jagd!"

Die Rosse steigen hoch und sprengen davon, wild kläffend stürzt die Hundemeute hinterher, und bald hallt der Wald vom Geschrei der Treiber und vom Bellen der Hunde. Die wilde Jagd ist los, eifrig werden Reh- und Rotwild, Schwarz- und Raubwild gehetzt und erlegt.

Plötzlich verstummt der Jagdlärm. Die Hunde verhoffen und sichern, nur langsam spüren sie vorwärts. Die überraschende Stille mahnt die Jäger zur Vorsicht. Ob vielleicht ein Rudel Wölfe im Hinterhalt lauert? Mutig sprengt Emelricus voran. Kurz vor dem Flaumbach zügelt er sein Pferd. Hört er recht? Ein feines silberhelles Klingen ertönt. Er winkt seinen Gefährten. Vorsichtig nähern sie sich von verschiedenen Seiten dem sanften Glockenklang. Plötzlich erspäht Emelricus durch das

Strauchwerk zwei lichte Gestalten. Er springt vom Pferd, geht neugierig auf sie zu, und staunend erkennt er zwei Engel. In der linken Hand trägt ein jeder eine brennende Kerze, in der rechten ein Glöcklein. Voller Ehrfurcht sinkt Emelricus in die Knie und spricht ein stummes Gebet. Auch seine Begleiter kommen heran und schauen die überirdische Erscheinung, die bald wieder verschwindet.

Tiefes Schweigen herrscht ringsum, keiner wagt ein Wort. Die Jagd ist vorbei, nachdenklich reitet die Gesellschaft heimwärts. Zu Hause besprechen die Freunde das seltsame Erlebnis. Emelricus und seine Frau entscheiden: „Das ist ein Fingerzeig Gottes! An dieser Stelle wollen wir der Muttergottes ein Kirchlein erbauen lassen."

Die Waidgenossen brechen wieder auf, um die Stelle der Erscheinung und den Ort, an dem die Kirche stehen soll, zu bezeichnen. Lange suchen sie umher und können die Stelle nicht finden. Plötzlich hören sie erneut das Klingen der Glöckchen. Eilig folgen sie dem Klang, doch diesmal sehen sie keine Engel, aber in den Zweigen eines Strauches entdekken sie die Glöckchen, leicht vom Winde hin und her bewegt.

Die Stelle ist wieder gefunden. Emelricus schichtet Steine auf, ritzt Bäume an und kennzeichnet den Ort der Erscheinung. Porta angelica, Engelspforte, nennt er die Stelle.

Bald läßt Emelricus hier am Flaumbach ein Kirchlein bauen, später kommt ein Nonnenkloster hinzu. Seit Jahrhunderten ist das stille Kloster Engelport im romantischen Tal des Flaumbaches ein geistiges Zentrum und eine gern besuchte Stätte des stillen Gebetes für die Mosel- und Hunsrückbevölkerung.

Die weisse Rose

Das Kloster Maria Engelport in der stillen Einsamkeit des lieblichen Flaumbachtales hatte einst unter den Adelsfamilien des Mosel-, Eifel-, Hunsrück- und Rheingebietes einen ausgezeichneten Ruf. Es bedeutete eine große Ehre für eine adelige Jungfrau, die als Braut Christi im Kloster Maria Engelport den Schleier nahm.

Reich ist der Sagenschatz, der sich um das Kloster der Engelporter Nonnen rankt. Im Jahre 1450 wählte der Schwesternkonvent Margaretha von Scharfenstein zur Meisterin. Sie stand 82 Jahre dem Kloster vor und erreichte ein Alter von über hundert Jahren.

Als die gottselige Meisterin Margaretha von Scharfenstein im hohen Alter nicht mehr allein in die Klosterkirche gehen konnte, trugen ihre Mitschwestern sie täglich mehrmals in einer Sänfte auf ihren Platz im reichgeschnitzten Chorgestühl. Die Meisterin war bereits über hundert Jahre alt, als etwas Wundersames geschah.

Es war in der Heiligen Weihnacht, als eine Nonne, die den Wochendienst in der Kirche versah, die dunkle Klosterkirche betrat. Sie wollte die Kerzen entzünden und die Mitschwestern mit dem Glöcklein zur Christmette rufen. Plötzlich sah sie im Chorraum ein helles Licht aufleuchten. Klopfenden Herzens ging sie darauf zu und erblickte eine weiße Rose, die aus dem Stuhl der ehrwürdigen Meisterin emporrankte. Was sollte das bedeuten? Die Nonne erschrak und eilte in die Zelle der Mutter Margaretha. Dort fand sie die Greisin auf ihrem harten Lager friedlich und sanft im Herrn entschlafen.

Seit dieser Stunde wuchs die weiße Rose im Chorgestühl der Engelporter Kirche immer dann auf dem Platz einer Nonne empor, wenn der Tod sie zum himmlischen Bräutigam heimholte.

Mehr als hundert Jahre später trat die blutjunge Gräfin Agnes von Sponheim ins Kloster Maria Engelport ein. Der Chronist berichtet, sie sei die schönste und liebreizendste Nonne gewesen, die je hinter Klostermauern gelebt habe. Als die anmutige Schwester einst zur Morgenfrühe in die Kirche ging, um den Ordnungsdienst zu versehen, blühte auf ihrem Platz groß und hell die weiße Todesrose. Die Nonne erschrak über alle Maßen. Die Gedanken wirbelten in ihrem Kopf durcheinander wie draußen die Schneeflocken im Winterwald.

„Mein Gott, soll ich denn jetzt schon sterben? Ich bin ja noch so jung." Mit zitternden Fingern ergriff sie die Blume, die ihr den Tod ansagte, und stellte sie auf den Platz ihrer Nachbarin, der hochbetagten Mitschwester Kunigunde von Eltz. Sie schaute sich im Kirchenraum um, niemand hatte ihren Betrug gesehen. Erregt begann Schwester Agnes ihre Arbeit, zündete die Kerzen am Altar an und eilte in den Turm, um die Mitschwestern zur Matutin herbeizuläuten.

Die Nonnen betraten das Chorgestühl und entdeckten auf dem Platz der lieblichen Agnes von Sponheim die weiße Rose — und sie, die jüngste Engelporter Nonne, fanden sie tot neben dem Glokkenseil am Boden.

Seit jenem Tag kündet keine weiße Rose mehr den Tod einer Klosterschwester im Konvent von Maria Engelport.

Burg Thurant

Hoch über Alken, wo die Hunsrückberge ins Moseltal schauen, ragt die ungewöhnliche Doppelburg Thurant oder Thuron empor.

Der jüngere Heinrich, Sohn Heinrichs des Löwen, erbaute diese starke Burganlage und gab ihr den Namen nach der syrischen Festung Thuron, die er während eines Kreuzzuges belagerte.

Einst war der pfälzische Burggraf Zorno Herr auf Thurant. Dieser Zorno war zwar sehr tapfer, aber auch als roher und grausamer Ritter bekannt. Man sagte ihm nach, er habe den Säugling einer Verwandten des Trierer Erzbischofs Arnold von Isenburg, die er als Gefangene auf Thurant festhielt, vor den Augen der Mutter in den felsigen Abgrund geschleudert. Die Mutter soll nachher durch einen glücklichen Umstand entkommen sein. Der Erzbischof schwor, nicht eher ruhen zu wollen, bis er das Felsennest in seiner Gewalt und den Kindesmörder bestraft habe.

Der Trierer Erzbischof Arnold von Isenburg zog nun gegen Thurant und umlagerte die Burg. Als er hörte, daß der Pfalzgraf mit einem mächtigen Heer sich nähere, um dem Feldhauptmann Zorno zu Hilfe zu kommen, verband sich der Trierer Kurfürst mit dem Kölner Erzbischof Konrad. Gemeinsam zogen sie dem Pfalzgrafen entgegen und schlugen ihn zurück. Nun belagerten beide Heere die Burg Thurant so eng, daß niemand heraus und niemand hinein konnte.

Doch Zorno spottete aller Anstrengungen der Feinde, denn er wußte, daß diese Burg nicht zu erstürmen war. Außerdem war er so gut zur Verteidigung gerüstet und mit reichlichen Vorräten eingedeckt, daß er eine lange Belagerung überstehen konnte.

Zwei volle Jahre lag das feindliche Kriegsvolk vor Thurant, doch mit Waffengewalt war die Burg nicht zu nehmen. Dreitausend Fuder Wein haben die Belagerer in der langen Zeit bei Laune gehalten.

Im Innern der Burg wartete man auf die Hilfe des Pfalzgrafen, denn allmählich gingen die Vorräte zur Neige. Nur mit beispielloser Härte und Strenge gegen die eigenen Leute konnte Zorno die Burg halten.

Der junge Ritter Brenner, der sich ungerecht behandelt fühlte und die Grausamkeiten des Feldhauptmanns nicht mehr ertragen konnte, zettelte eine Verschwörung an. Nur zu gern fand er unter den Burgleuten willige Ohren für sein Vorhaben. Er wollte Zorno überfallen, ihn binden und dem Erzbischof ausliefern.

Unter den Verschwörern war jedoch ein Verräter, und Zorno bekam Wind von dem geplanten Anschlag. Die Verschwörer wurden überfallen, wer sich wehrte, wurde niedergestreckt, die anderen ins Burgverlies geworfen, unter ihnen auch Brenner, der Anführer.

„Du wolltest die Burg verlassen“, sagte Zorno zu ihm, „und zum Erzbischof gehen. Gerne werde ich dir diesen Wunsch in den nächsten Tagen erfüllen, doch mußt du schon allein hinüber.“

Dem Erzbischof, der auf der anderen Seite auf dem Bleidenberg sein Hauptquartier hatte, sandte er mit einem Geschoß einen Brief. „Ich werde Euch einen Mann schicken, der Euch den Feldhauptmann ausliefern wollte. Ihr werdet doch unmöglich auf einen so treuen Untertanen verzichten wollen“, schrieb er höhnisch.

Unverzüglich bauten die Männer auf der Mauerzinne der Burg ein starkes Gerüst auf und stellten eine Wurfmaschine mit einem besonders langen und kräftigen Treibbalken darauf. Als Brenner die Vorbereitungen sah, erkannte er, was mit ihm geschehen sollte. Angesichts des sicheren Todes bat er um einen Priester, dem er die Beichte ablegen konnte.

Vor dem Priester gelobte er feierlich: „Wenn ich auf der anderen Bergseite lebend ankomme und den Sturz heil überstehe, werde ich zum Dank an dieser Stelle der Jungfrau Maria ein Kirchlein erbauen." Mutig bestieg Brenner die Zinne und wurde auf die Wurfmaschine gelegt.

Im Lager des Erzbischofs beobachtete man die Vorgänge auf der Mauerzinne. Man konnte deutlich erkennen, daß der Feldhauptmann nun wahr machte, was er in dem Brief angekündigt hatte. Der Erzbischof versammelte die Priester, alle sanken auf die Knie und flehten zur Gottesmutter um Hilfe für den Unglücklichen.

Die Maschine wurde in Bewegung gesetzt, und unter dem teuflischen Hohngelächter des Burgherrn flog der Körper des jungen Ritters durch die Luft. Zorno erwartete, daß Brenner in der felsigen Schlucht zerschellen werde, aber die Kraft der Wurfmaschine war so groß, daß er über den Abgrund hinweg flog und im Gestrüpp des Abhangs landete. Ziemlich unbeschadet kletterte Brenner den Berg hinauf und war gerettet.

Der Erzbischof wußte sehr wohl, daß er die Burg Thurant nicht erstürmen konnte, er hielt sie weiterhin belagert und hungerte den Burgherrn Zorno mit seinen Leuten aus. Zorno mußte die Übergabe der Burg anbieten. Sein Leben wurde ihm geschenkt, aber er mußte Urfehde schwören und geloben, in ein Kloster zu gehen.

Brenner ließ an der Stelle, an der er niedergefallen war, so wie er es versprochen, mit der Hilfe des Erzbischofs eine Kapelle erbauen. Diese Kapelle auf dem Bleidenberg ist viele Jahre ein beliebter Wallfahrtsort gewesen.

Aus dem Vorderhunsrück

DAS BANNHECKSMÄNNCHEN

An der Schaurener Gemarkungsgrenze, nördlich der Zeller Straße, erstreckt sich ein Wald, der Bannheck genannt wird. In der Bannheck, so weiß der Volksmund zu erzählen, haust schon seit ältesten Zeiten ein zwergenhaftes Männchen. Nur wenige Menschen haben es bisher gesehen, und die wenigen waren dann so von seinem Anblick erschrokken, daß sie nur eine dürftige Beschreibung von ihm geben konnten.

Das Bannhecksmännchen, soviel weiß man, hat ein runzeliges Gesicht, eingerahmt von einem struppigen, grauen Bart. Es trägt ein langes rotes Mäntelchen mit einer Kapuze, an den Hüften wird es mit einem Strick zusammengehalten. Läuft das Männchen, so glaubt man, es gleite über den Boden.

Das Bannhecksmännchen ist der Hüter des Waldes. Friedliche Spaziergänger brauchen sich nicht vor ihm zu fürchten, aber allen, die etwas aus dem Walde holen wollen, ist es spinnefeind. Kindern, die Beeren suchen oder fürchterlich dort lärmen, Holzhackern und Jägern stellt es nach, bis sie, von Angst und Schrecken gejagt, die Bannheck verlassen.

Es war an einem Sonntagmorgen. Männer, Frauen und Kinder aus Schauren pilgerten zum Gottesdienst nach der Blankenrather Pfarrkirche. Nur Klaus, ein Schaurener Bäuerchen, schloß sich an diesem Morgen nicht der frommen Gesellschaft an, er ging seinen eigenen Wegen nach. Sobald die letzten Kirchgänger hinter der Höhe verschwunden waren, machte er sich verstohlen auf und schritt dem Bannheckswalde zu. Rüstig stapfte er durch den hohen Schnee und erreichte bald den verbotenen Wald. Mit kräftigen Beilhieben hackte Klaus sich hastig ein dickes Bündel Holz, band es flink mit einigen gedrehten Weiden zusammen und schwang die Last mit einem Tragstock auf seinen breiten Rücken.

Heilfroh, daß alles so glatt verlaufen war, trat er den Heimweg an. Er war noch keine hundert Schritte gegangen, da wurde das Bündel schwer und schwerer. Der Schweiß trat ihm auf die Stirn, und die Knie zitterten. Hatte er seine Kraft überschätzt? Er warf das Holz ab, zog einige Knüppel aus dem Bündel und setzte nun erleichtert seinen Heimweg fort. Doch der Waldfrevler kam nicht weit. Schon nach wenigen Schritten drückte ihn die Bürde wieder fast zu Boden. „Das geht doch nicht mit rechten Dingen zu!" sagte er sich, warf die Last ab und nahm weitere Knüppel heraus. Noch einmal keuchte er los. Potztausend! Das klobige Gewicht zwang ihn schon nach wenigen Metern auf die Knie. Äußerst verärgert über seine unerklärliche Schwäche, warf er noch mehr Knüppel beiseite, raffte die wenigen Stangen auf und wollte heim. Er kam nicht weit. Das unheimliche Bündel drückte und drückte so sehr, daß er keinen Schritt mehr vorwärts kam. Fluchend schleuderte er die letzten Knüppel weit von sich und ging geschlagen nach Hause.

„Das war der Hüter des Waldes, das war das Bannhecksmännchen!" rief er, als er den Wald verlassen hatte. An den Sonntagen sah man Klaus wieder in der Reihe der Schaurener Kirchgänger. Die Bannheck, so sagt man, habe er nie mehr betreten.

Der Werwolf von Reidenhausen

In Reidenhausen findet man am Haus Nr. 35 eine einfache Muttergottesstatue mit dem Jesuskind auf dem Arm. Dieses Haus stammt aus dem 17. Jahrhundert. Unglückliche Eltern brachten einst die Statue dort an, damit ihre Kinder unter dem Schutz der Gottesmutter vor schlimmem Unheil bewahrt werden sollten. Man erzählt sich folgende Sage:

Vor langer Zeit hielt eine Bäuerin aus Reidenhausen am nahen Born unterhalb ihres Hauses großen Waschtag. Sie war emsig bei der Arbeit, sie schrubbte und bleute, während ihr Kind neben ihr im Grase spielte. Als die Bäuerin für kurze Zeit den Waschtrog verließ und Wäsche aufhängte, schlich ein mächtiger Werwolf heran, packte das spielende Kind und schleifte es den Linsenberg hinab. Die Mutter sah gerade noch das Untier mit dem Kind verschwinden und schrie laut um Hilfe. Aus allen Häusern stürzten die Männer auf die Straße. „Da! Ein Werwolf hat meine Tochter verschleppt! Den Linsenberg ist er hinunter!" rief die hilfesuchende Frau.

In riesigen Sprüngen eilten die Männer hinterher. Schon sahen sie das Ungeheuer, schrien es an, das Kind loszulassen. Da ließ der Wolf das Mädchen fallen, stieß es in den Sumpf und entkam im nahen Wald. Für das Kind kam jede Hilfe zu spät, es war bereits tot.

Die Eltern brachten eine Muttergottesstatue am Hause an und stellten ihre Kinder unter den besonderen Schutz des Jesuskindes. Seitdem hat man nie mehr einen Werwolf in Reidenhausen gesehen.

Das Sehlseifskälbchen

Noch heute führt der alte Hesweiler Weg von der ehemaligen Hesweiler Schule zur Sehlseife, dann über den Hügel, an der Blankenrather Schule vorbei bis an die Pfarrkirche. Das war der alte Hesweiler Kirchenpfad.

Alle Gläubigen von dem Filialort Hesweiler mußten früher diesen Weg gehen, um zum Gottesdienst in die Pfarrkirche zu Blankenrath zu kommen. In der Dunkelheit scheute ein jeder diesen Pfad, denn in der Sehlseife, so erzählten die Leute im Dorf, war es nicht geheuer.

Der Blankenrather Michel hielt das Gerede der Leute für dummes Geschwätz und finsteren Aberglauben. Er, der Michel, stand über solchem Unsinn, bis, ja, bis er ...

Eines Sommerabends, es war schon spät und stockdunkel, wanderte der Michel von Hesweiler nach Hause. Kräftig schritt er aus und kam bald in die Sehlseife. Hier im sumpfigen, morastigen Wiesengrund schlug ihm drückende, feuchte Luft entgegen. Es roch moderig, die Frösche quakten, und Irrlichter tanzten umher. Unheimlich wurde es ihm, er legte noch einen Schritt zu. Der Michel mußte gut aufpassen, daß er nicht vom engen Pfad in den Morast geriet.

Was war das für ein Geräusch? Plötzlich hörte er ein Stampfen und Keuchen, und schon sprang ihn etwas von hinten an, Michel stürzte und fiel der Länge nach in den Sumpf. Er schlug um sich, fuchtelte mit den Armen und strampelte mit den Beinen, aber er traf nichts und niemanden. Mühsam rappelte er sich auf, streifte den gröbsten Dreck von sich und hastete den Hang hinauf, dem Dorfe zu.

Völlig außer Atem kam er zu Hause an. Zu allem Überfluß saßen die Nachbarn auch noch in der Stube bei der „Maij“ und hörten schadenfroh den dreckverschmierten Michel an, der über sein seltsames Erlebnis berichten mußte. Für die „Maijgesellschaft“ stand fest, das Sehlseifskälbchen, das dort seit alters her umgeht, hatte dem Michel den Schreck eingejagt.

Gottlob gibt es heute zwischen Hesweiler und Blankenrath eine neue Straße, die den gefährlichen Wiesengrund umgeht und somit nächtlichen Wanderern böse Erlebnisse mit dem Sehlseifskälbchen erspart.

Das Binsfeld

Die Gemeinde Mittelstrimmig begann 1852 mit der Aufforstung des Distriktes Binsfeld. Aber über dreihundert Jahre hatte die Gemeinde Hesweiler dort das Weiderecht, deshalb protestierten die Bürger gegen diese Maßnahme der Strimmiger und behaupteten, es sei ihr Land, und ohne diese Weidegründe sei die Gemeinde nicht existenzfähig. Die Streitigkeiten konnten nicht im guten beigelegt werden, deshalb reichten die Gemeindevertreter von Hesweiler eine Klage beim Amtsgericht in Zell ein.

Im Jahre 1857 wurde der Prozeß beendet. Hesweiler verlor und mußte 99 Thaler, 2 Silbergroschen und 8 Pfennige an Gerichtskosten tragen. Strimmig wurde verpflichtet, als Entschädigung für das Weiderecht 62 Thaler und 17 Silbergroschen an Hesweiler zu bezahlen.

Im Laufe der Zeit hat sich nun um diese Auseinandersetzung der beiden Gemeinden folgende Sage gebildet:

Der Prozeß war lange Zeit offen, die Chancen standen trotz endloser Verhandlungen für Hesweiler und Mittelstrimmig gleich günstig. Eines Tages erschien ein Strimmiger Bürger zu einem Lokaltermin im Binsfeld. Er stellte die feste Behauptung auf, aus einem alten, jetzt nicht mehr vorhandenen Schriftstück ersehen zu haben, daß das Binsfeld Mittelstrimmiger Besitz sei. Diese Feststellung beschwor er sogar mit den Worten: „So wahr der Schöpfer im Himmel ist, so wahr stehe ich hier auf Strimmiger Grund und Boden!" Dieser Spruch gab den Ausschlag.

Die Hesweilerer glauben heute noch nicht an die Wahrheit dieser Behauptung. Sie sagen, nur durch den falschen Eid hätten die Strimmiger das Binsfeld gewonnen. Der Strimmiger Mann hätte sich vorher Erde von der Strimmiger Gemarkung in die Schuhe gestreut und habe deshalb so schwören können.

Sein Frevel ist ihm aber schlecht bekommen. Seit seinem frühen Tod muß der arme Schlucker des Nachts im Binsfeld herumgeistern und Grenzsteine und Erde schleppen bis in alle Ewigkeit. Bei seiner anstrengenden Arbeit jammert er, daß es weithin durch die Nacht hallt. Wenn man nahe genug herankommt, kann man seine Klage verstehen, wenn er ruft: „Au, honn eich su schwär!"

Die Kirche von Petershausen

Einst geriet Ritter Dietrich von Klotten in die Gefangenschaft des Grafen von Waldeck und schmachtete drei Jahre unschuldig in strenger Kerkerhaft auf Burg Waldeck im Baybachtal. Alle Versuche, ihn frei zu bekommen, scheiterten an der Hartherzigkeit des Herrn von Waldeck. Selbst Ritter Dietrichs Frau war auf der Burg erschienen und hatte den Grafen kniefällig um Gnade für ihren Mann gebeten.

Eines Tages kam ein junger Bursche zur Burg Waldeck und verdingte sich beim Grafen als Knecht. Schon recht bald gewann er das Vertrauen des Burgherrn. Zu seinen besonderen Aufgaben gehörte die Bewachung des Gefangenen, dem er augenscheinlich sehr zusetzte und den er gewissenhaft und streng bewachte. Niemand vermutete in ihm einen früheren Untergebenen des Ritters Dietrich.

In einer dunklen Nacht, als nach einem wilden Zechgelage alle Burgbewohner tief und fest schliefen, schlich der Knecht vorsichtig zu dem Gefangenen, führte ihn aus seinem Kerker und ließ ihn an einer unbewachten Stelle an einem Seil die Burgmauer hinab in die Freiheit. Dietrich bedankte sich herzlich bei seinem treuen Ergebenen und lief gegen Westen den steilen Hang hinauf. Als er sich in Sicherheit wähnte, kniete er nieder und dankte Gott für seine Errettung.

Oben im Hochwald stieß er auf ein grasendes Pferd, dessen Vorderfüße zusammengebunden waren. Vergebens versuchte er, die Fesseln zu lösen, schwang sich dann aber auf das Roß, um sich wenigstens ausruhen zu können, und trabte langsam weiter. Heiße Gebete sandte er zum Himmel und versprach feierlich, an der Stelle, an der das Pferd die Fesseln verliere, eine Kapelle zu errichten.

Auf der Höhe zwischen Zilshausen und Lahr fiel die Fessel von den Füßen des Pferdes, und nun jagte der befreite Ritter davon und kam glücklich wieder zu seiner Familie. In der begreiflichen Freude über seine Freiheit vergaß er aber nicht sein Gelübde.

Schon in den nächsten Tagen kehrte Dietrich mit Bauleuten und Handwerkern an jenen Ort zurück, um sein Versprechen zu erfüllen. Reges Leben begann an der Baustelle. Bald konnte man schon die Umrisse der neuen Kirche erkennen, die Maurer zogen die Grundmauern hoch, die Zimmerleute schlugen das Bauholz und schnitten es zurecht.

In einer Nacht jedoch kamen die Bewohner von Zilshausen und schleppten das Bauholz ins Dorf, um dort die Kirche entstehen zu lassen. Aber am anderen Morgen lag das Holz wieder an der alten Stelle. Auch in einer zweiten und dritten Nacht brachten sie das Holz in den Ort, und stets lag es morgens wieder auf dem früheren Platz. Selbst bewaffnete Männer, die das Bauholz im Dorf bewachen sollten, waren hilflos, denn von unsichtbaren Händen wurde das Holz immer wieder zurückgebracht. Jetzt erkannten die Dorfleute, daß es Gottes Wille war, den Kirchbau an der bezeichneten Stelle zu errichten, und sie ließen von ihrem Vorhaben ab.

Der Bau aber schritt rasch voran und war bald vollendet. So entstand die Kirche in Petershausen.

DER GOLDENE WAGEN IM TONHÜGEL

Auf dem Wege von Sosberg nach Blankenrath gelangt man auf ein ausgedehntes Plateau, das allgemein Tonhügel genannt wird. Hier soll nach der Überlieferung ein goldener Wagen vergraben sein.

Der römische Feldherr Raimundus, so erzählt die Sage, unternahm einst einen Strafzug gegen einen germanischen Stamm, der ins Eifelgebiet eingedrungen war. Raimundus führte dabei einen reichen Goldschatz auf einem Wagen mit sich. In heftigem Kampf schlug er die Feinde zurück, doch schon in der folgenden Nacht wurde er von ihnen wieder überfallen. Raimundus konnte nur unter großen Verlusten seine Soldaten aus dem nächtlichen Wirrwarr herausführen und den Rückzug antreten. Der gesamte Troß jedoch, auch der Wagen mit dem goldenen Schatz, wurde eine Beute der Germanen. Ihn wollte er unter allen Umständen zurückerobern, koste es, was es wolle. Tatsächlich, einer kleinen Gruppe opfermutiger Krieger gelang es, den Feinden das Fahrzeug wieder abzujagen.

Nun zog sich Raimundus schleunigst zurück auf den Hunsrück, verfolgt von den kriegerischen Germanen. Nur mühsam kam er auf dem unwegsamen Gelände weiter, mußte immer wieder die angreifenden Verfolger abwehren und kam schließlich auf den Tonhügel. Hier versagten die Zugpferde in dem bruchigen Gelände, sie versanken bis an den Leib im Morast. Ein Weiterkommen war nicht möglich.

Mit kurzen Befehlen schickte Raimundus seine Soldaten an den Rand des Hügels, um die Feinde abzuwehren. Ein kleines Kommando jedoch versenkte währenddessen den Wagen mit dem ganzen Schatz im schlammigen Boden.

In Eilmärschen konnte der Feldherr seine Truppen von den nachdrängenden Verfolgern lösen und in Sicherheit bringen. Später wollte er zurückkommen und die vergrabenen Reichtümer bergen. Doch Raimundus fiel in einer Schlacht.

Der Schatz aber wurde nie mehr gefunden. Heute noch geistert der römische Feldherr als „Aspelmännchen“ auf dem Tonhügel zwischen Sosberg und Blankenrath und bewacht seinen Schatz vor ungerufenen Schatzgräbern.

Wettlauf zwischen Bauer und Teufel

Ein Bauer aus Niedergondershausen kam einst an einem späten Herbstabend mit seinem Fuhrwerk von einer Fahrt an den Rhein zurück. Ein warmer, fast schwüler Wind wehte, als er aus dem „Scheid“ kam.

Der Weg war holprig und durch tiefe Fahrspuren zerfurcht. Mühsam und träge zog das müde Pferd den schweren Wagen. Abgespannt ging der Bauer nebenher, dachte an das Tagesgeschäft und freute sich auf die gemütliche Stube in seiner Hütte. „Nur noch die kurze Strecke über die Höhe, dann bin ich daheim!“ munterte er sich auf.

Verträumt schritt er dahin und überließ sich seinen Gedanken. Das gleichmäßige Ächzen der schweren Eisenräder und das laute Schnaufen des Pferdes hörte er zwar, nahm es aber kaum wahr.

Oben auf der Höhe soll es nicht ganz „just“ sein, so hatten die alten Leute immer erzählt. Unsinn, das waren „Hexensteckelcher“, die niemand glaubt. Zu jeder Tages- und Nachtzeit war er den Weg schon gefahren, aber begegnet war ihm noch nie jemand.

Der Wind wurde stärker. Das schwache Öllämpchen am Wagen flackerte, wurde kleiner, als wollte es erlöschen. Der Bauer wachte aus seinen Träumereien auf, blickte verstört umher: War er nicht ganz wach?

„Herr Gott, was ist da vorn am Pferd?“ sagte er. Um die spitzen Messingbeschläge des Kummets tanzte ein violetter Feuerschein, nur kurz leuchtete er auf, dann war er verschwunden. „Träume ich? Bin ich nicht mehr bei Sinnen?“ fragte er sich.

Doch da zuckte es mit leisem Zischen wieder hervor, nur größer als vorher. Das Pferd wurde zusehends unruhiger, ängstlich flackerten seine Augen, kraftvoller legte es sich in die Stränge. Das Feuer spielte zunächst um die Ohren des Pferdes, sprang auf die Metallteile am Zaumzeug und hüpfte weiter auf die Eisenräder des Wagens. Pferd und Wagen strahlten in bläulich-violett züngelndem Licht.

Der Bauer geriet in helle Aufregung. Der Angstschweiß stand ihm auf der Stirn, er begann zu zittern. So etwas hatte er noch nie erlebt. Mit einem Satz stand er hoch oben auf seinem Wagen, knallte mit der Peitsche und rief: „Der Teufel! Der Teufel! Jesus, Maria und Josef, steht mir bei!" Das Pferd raste mit dem Wagen davon, alle Müdigkeit war verschwunden. Bauer und Teufel fuhren um die Wette!

Völlig außer Atem kamen der Bauer und das Pferd auf dem Hof an. Der Teufel in Gestalt des seltsamen Lichtscheins war verschwunden. Zitternd und schweißtriefend stand das Pferd vor dem Stall. Bleich sprang der Bauer vom Wagen. „Herrgott, ich danke dir!" stieß er hervor. Tagelang saß ihm der Schreck noch in den Knochen.

Im Frühjahr fuhr er aus „Ahlert" Steine und Sand auf die Höhe. Er hatte in jener Nacht gelobt, auf dieser Höhe einen Heiligenstock zu setzen.

Zwischen Liesenfeld und Niedergondershausen steht ein dunkler Tannenwald. Sein dumpfes, unheimliches Rauschen läßt oft den einsamen Wanderer schneller gehen, denn etwas Schauriges liegt hier in der Luft. Manche glauben in dem Rauschen, Ächzen und Knacken in den Wipfeln den gefürchteten „Jäer Kloos“ zu hören, der in diesem Wald für seine Hartherzigkeit büßen muß.

Der „Jäer Kloos“ lebte vor langer Zeit als Förster in Niedergondershausen. Wortkarg schlich er auf einsamen Wegen und Pfaden durch seine ausgedehnten Wälder und sann nach, wie er die armen Leute, die er in seinem Walde traf, drangsalieren und schikanieren könnte. Jedermann ging ihm möglichst aus dem Wege.

An einem Herbstabend traf er im Scheid einen armen Tagelöhner, dessen Frau krank war. Er hatte es eilig, zu seinen unversorgten Kindern zu kommen. Auf dem Rücken trug er eine Bürde Eichenlohholz. Der „Jäer Kloos“ freute sich diebisch, als er den armen Mann sah und sprach ihn barsch an: „Wo hast du das Holz gestohlen? Es ist beschlagnahmt! Wirf es ab!“, obwohl er wußte, daß der Mann das Holz rechtmäßig erworben hatte.

Ängstlich versuchte der Tagelöhner, sein Recht zu verteidigen, doch der Förster gab nicht nach und schleppte ihn vor das Gericht. Dort schwor er, der Mann habe das Holz gestohlen. Daraufhin wurde der Tagelöhner verurteilt und kam ins Gefängnis. Seine Frau und die große Kinderschar gerieten in bittere Not.

Aber seit diesem Tage veränderte sich der Förster. Er fand keine Ruhe mehr, streifte wie ein gehetztes Reh durch die Wälder und irrte ziellos umher. Schließlich erhängte er sich im „Herscheid" bei Halsenbach.

Doch auch der Tod brachte ihm keine Ruhe. Angetan mit einem schwarzen Mantel, einen mächtigen Jägerhut auf dem Kopf, kräftige Stiefel an den Füßen, den Vorderlader auf dem gebeugten Rükken, so hat ihn schon mancher verspätete Holzhauer gesehen. Mal schleicht der „Jäer Kloos" sich leise heran, bald jagt er ungestüm durch Gestrüpp und Hecken oder stöhnt und heult in dunkler Nacht. Er findet keine Ruhe, solange noch Nachfahren des Tagelöhners leben.

Die versunkene Glocke bei Karbach

Am Fuße des Quintinsberges, etwa eine Viertelstunde von Karbach entfernt, liegt die Quintinskirche. Als einst der Turm dieser Kirche baufällig wurde, mußten die Glocken abgehängt und anderswo untergebracht werden.

Alte Leute erzählen, daß eine Glocke nach Wellmich, jenseits des Rheines, für ein Fuder Wein verkauft wurde. Die zweite Glocke schaffte man nach Karbach in die Annakapelle, wo sie heute noch hängt. Mit der dritten Glocke jedoch hatte man wenig Glück.

Sie war die größte des Geläutes. Vorsichtig nahmen die Bauern sie herunter, luden sie auf einen schweren Wagen und wollten sie nach Karbach bringen. Zwei kräftige Gäule zogen den Wagen über den holprigen Weg an sumpfigen Wiesen vorbei zum nahen Dorf.

Plötzlich quietschte und krachte es, der Wagen neigte sich hinten zur Seite, ein Rad brach, und die Wagenachse schleifte über den Boden. Ein heftiger Ruck, und die Pferde standen still. Die schwere Glocke geriet ins Schwanken und Rutschen, und schließlich stürzte sie von den Dielen hinab in die Wiese.

Hastig sprangen die Männer herbei, befestigten Ketten an ihrer Krone, spannten die Pferde davor und zogen und zogen. Doch die Glocke bewegte sich nicht. Aus dem nahen Dorf holten sie Ochsen und Pferde herbei, doch sie konnten die zentnerschwere Glocke nicht mehr retten. Ganz langsam sank sie vor ihren Augen in den weichen Wiesensumpf, niemand konnte sie halten. Am nächsten

Morgen sah man nichts mehr von der Glocke, nur die Stelle, die sie verschluckt hatte, war noch zu erkennen.

Niemals mehr wurde die Glocke aus dem sumpfigen Gelände gehoben. Noch heute liegt sie dort. Wer aber am Heiligen Abend hier vorbeigeht, der hört sie läuten, sanft wie Engelglocken.

DER GOARSBORN BEI PFALZFELD

Es war im 6. Jahrhundert, als ein junger Mann von vornehmer Herkunft aus Aquitanien an den Rhein kam. Er hatte dem leichten Leben am Hofe und allen Ehren entsagt und wollte von nun an nur Gott und den Menschen dienen.

Hier im engen Tal des Rheines richtete er sich in einer Klause ein, lebte von den Almosen, die gute Menschen ihm gaben und predigte von Christus und vom ewigen Leben.

Eines Tages zog der junge Klausner Goar über den Hunsrück. Er wollte den Bischof von Trier besuchen. Es war ein heißer Sommertag, und der Heilige litt unter der sengenden Hitze. In der Nähe von Pfalzfeld legte Goar in einem schattigen Waldstück eine Rast ein. Mehr noch als die Hitze und die Müdigkeit quälte ihn der Durst. Er suchte nach labendem Wasser, doch weit und breit fand er kein Bächlein und nicht die kleinste Quelle.

In seiner Not kniete er nieder und flehte inständig zu Gott um Hilfe. Der durstige Wanderer ergriff seinen Stab und stieß ihn voller Zuversicht in den Waldboden. Und siehe da, sofort sprudelte ein klarer Wasserstrahl hervor. Der Heilige stillte seinen großen Durst, dankte Gott und schritt gestärkt weiter nach Trier.

Die Quelle aber sprudelte weiter, und seit dieser Zeit heißt das Brünnlein Goarsborn. Dort, wo Goar seine Klause hatte, entstand später St. Goarshausen.

Walter von Ehrenburg

Das Geschlecht der Herren von Ehrenburg war im ganzen Reiche sehr angesehen. Fürsten und hochadelige Familien pflegten gerne Umgang mit den tapferen Rittern von Ehrenburg, die sich in mancher Fehde und in vielen Kämpfen ruhmreich bewährt hatten. Doch erlosch das Geschlecht schon früh, weil Ritter Friedrich kinderlos blieb.

Aber der letzte Burgherr nahm den Sohn eines Lehnsmannes an Kindes Statt an, erzog den aufgeweckten Jungen wie ein eigenes Kind und hatte seine helle Freude an ihm. Bald zeichnete sich der Knabe durch Wagemut und Kühnheit aus.

Als er zum jungen Mann herangewachsen war, trat er am Faschingstag vor den Burgherrn und bat: „Vater, laßt mich nach Koblenz zum Fasching reiten!"

Friedrich war sehr überrascht und machte Einwendungen: „Walter, davon würde ich dir abraten. Du weißt doch, daß die Pfahlbürger uns nicht besonders gesonnen sind, sie könnten deinen Besuch übel aufnehmen."

„Seid ohne Sorge! Ich will keine Händel anfangen, sondern mich amüsieren!" Ohne eine Antwort abzuwarten, stürmte Walter hinaus, zog ein Pferd aus dem Stall und ritt mit zwei Knappen davon.

In Koblenz herrschte auf allen Straßen und Plätzen buntes Faschingstreiben. Die Herbergen waren überfüllt, schließlich fand Walter Quartier in einem Gasthaus an der Moselbrücke.

Im gleichen Hause hatte sich der junge Graf von Isenburg einquartiert. Als Walter mit seinen beiden Knappen durchs Tor ritt, stand der Isenburger mit einem Mädchen am Fenster und spottete: „Ist das

Eure ganze Begleitung? Das nenn' ich einen prächtigen Aufzug, Herr Ritter!"

Walter antwortete nicht, er hatte sich fest vorgenommen, sich in keinen Streit einzulassen, und ging zu seiner Kammer. Plötzlich öffnete jemand leise die Tür, und herein schlich das schöne Mädchen, das vorhin bei dem Isenburger am Fenster stand. Ängstlich schaute es sich um und begann zaghaft: „Herr, verzeiht, ich muß Euch warnen. Der Graf hat Euch erkannt, er weiß, daß Ihr der Stiefsohn des Herrn von der Ehrenburg seid. Er ist zum Rathaus, um Euch anzuzeigen. Verlaßt sofort die Stadt!"

„Wer seid Ihr, schönes Fräulein? Hab ich Euch nicht vorhin bei dem sauberen Grafen gesehen? Doch habt Dank für Eure Warnung!"

„Ich bin kein Fräulein, ich bin die Leibeigene des Herrn von Isenburg, er hat mich hierhin gezwungen."

„Dann schnell weg von hier, und du kommst mit auf die Ehrenburg!" rief Walter, nahm das Mädchen an der Hand und wollte die Kammer verlassen. Da flog die Tür auf, und der Graf stürmte mit gezogenem Schwert herein. Nach kurzem Gefecht bahnte Walter sich einen Weg ins Freie, pfiff seinen Knappen, zog sein Pferd aus dem Stall und verließ in scharfem Ritt die Stadt.

Die Stadtknechte liefen ihm hinterher und riefen: „Haltet sie! Die Ehrenburger haben den Stadtfrieden gebrochen! Haltet sie!" Aber die Pferde waren schneller als die Koblenzer, und Walter erreichte ungefährdet die Ehrenburg.

Sofort berichtete er seinem Stiefvater, was in Koblenz geschehen war. Friedrich tadelte zwar, daß er überhaupt in die Stadt geritten war, doch billigte er sein Verhalten dem Verräter gegenüber.

Am nächsten Morgen meldete ein Bote aus Koblenz, daß die Bürger gegen die Ehrenburg ziehen würden. Friedrich ließ die Feste sogleich zur Verteidigung herrichten. Tatsächlich! In aller Frühe des nächsten Tages erklommen die Koblenzer den steilen Berg zur Burg. Aber Zinnen und Wehre waren besetzt, und die Feinde wurden gebührend empfangen.

Unverrichteterdinge mußten die Koblenzer wieder abziehen, doch wutentbrannt verwüsteten sie die Felder, vernichteten die Saaten, mordeten die Leibeigenen und verbrannten deren Hütten. Der Burgherr schwor, diese frevelhafte Tat der Koblenzer zu rächen.

Walter rüstete im stillen einige kampferprobte Fähnlein und rückte eines Tages unverhofft in die Stadt ein. Er überrumpelte die Wachen, befreite die schöne Leibeigene und ihren Vater, die beide im Kerker saßen, und zündete die Stadt an. Die Koblenzer mußten schwer büßen, über fünfhundert Häuser gingen in Flammen auf.

Ob Walter mit dem schönen Fräulein auf der Ehrenburg Hochzeit hielt, ist nicht überliefert.

Das Griesmännchen

Jahrelang tobte ein erbitterter Streit zwischen Beulich und Mermuth um ein begehrtes Waldstück, das an der Gemarkungsgrenze beider Dörfer lag. Jede Gemeinde erhob Ansprüche auf den Wald, und jedes Dorf fühlte sich im Recht und behauptete, daß nach der Überlieferung der Alten dieses Waldstück zu ihrer Gemarkung gehöre.

Nach langem Disput und heftigen Reden beschlossen die Bauern der beiden Ortschaften, die Angelegenheit an Ort und Stelle endgültig zu regeln. Auf einen Termin hatten sie sich schnell geeinigt.

In beiden Dörfern beratschlagten die habgierigen Bauern, wie sie ihre Ansprüche am besten beweisen könnten. Sie suchten Urkunden und bemühten Zeugen und überlegten hin und her. In Beulich lebte der alte Gries, ein kluger und listenreicher Mann, der sich anbot, das besagte Waldstück der Gemeinde zu sichern. „Überlaßt die Angelegenheit nur mir, ich werde sie zu eurer Zufriedenheit regeln!“ versprach er.

Als der Tag der Begehung kam, erschien das Griesmännchen, in den Schuhen Beulicher Erde und unter der Bauernkappe Beulicher Laub. Als Ältester der Versammlung begann er: „Ich werde jetzt die Beulicher Grenze umschreiten, so, wie die Alten es mir früher erzählt haben.“ Und mit großen Schritten ging er um den strittigen Wald, gefolgt vom Rat der beiden Dörfer. Als er an den Ausgangspunkt zurückkam, hob er die Hand und sprach feierlich: „Auf dem ganzen Wege, den ich zurückgelegt habe, hatte ich Beulicher Erde unter den Füßen und Beulicher Laub über meinem Kopfe.“

So kam der umstrittene Wald an die Gemeinde Beulich, der von nun an Grieswald genannt wurde. Die Mermuther aber, die leer ausgingen und den Braten rochen, behaupten, noch heute höre man in der Geisterstunde das Griesmännchen seinen Eid murmeln, und niemand könne ihn erlösen.

Der grüne Streifen

Der Quintinsberg ist die höchste Erhebung der Karbacher Feldmark. Er gehört zu dem Höhenrücken, der die Wasserscheide zwischen Rhein und Mosel bildet. Alte Leute wissen noch zu erzählen, daß früher dort oben ein Galgen gestanden habe. Von dem letzten Opfer, das hier hingerichtet wurde, erzählt man sich folgende Geschichte:

Es war vor etwa zweihundert Jahren. Karbach war damals ein armes Dörfchen mit stroh- oder schindelgedeckten Häusern. Entstand in einer Ecke des Ortes ein Feuer, brannten im Nu gleich mehrere Häuser, wenn nicht gar das ganze Dorf.

In einem besonders strengen Winter brach an verschiedenen Stellen gleichzeitig ein Feuer aus. Alle Versuche, das Feuer einzudämmen, waren vergeblich. Mehrere Häuser gingen in Flammen auf. Die Karbacher vermuteten Brandstiftung und hielten die Augen offen, aber niemand konnte überführt werden.

Im folgenden Frühjahr kam ein Wandergeselle, der den Wachen besonders verdächtig vorkam, weil er sich spät abends noch ins Dorf schleichen wollte. Der Bursche wurde untersucht und kurz entschlossen eingesperrt. „Das muß der Feuerteufel sein!" sagte jeder, als man auch noch Feuersteine und einen prächtigen Feuerschwamm bei ihm entdeckte. Das Gericht entschied schnell: „Dieser Wanderbursche war der Brandstifter vom letzten Winter."

Schon wenige Tage später sollte Hochgericht gehalten werden. Die Karbacher und viele Menschen aus der Umgebung strömten auf den Quintinsberg, wo der Galgen stand. In Ketten wurde der Verurteilte vorgeführt, unter den Galgen geschoben und von seinen Fesseln befreit. Das Urteil wurde verlesen, der Angeklagte erhielt das letzte Wort. Mit eindringlichen Worten beteuerte er seine Unschuld, rief Gott als Zeugen und bat um Gnade. Die Anwesenden stutzten einen Moment. Diesen Augenblick der Verwirrung nutzte der Verurteilte und floh quer durch den Wald, über Wiesen und Felder an Dörth vorbei bis in die Gegend von Lamscheid. Doch die Häscher holten ihn ein und schleppten ihn zurück zum Galgenberg.

Wieder beteuerte er hoch und heilig seine Unschuld. Mit lauter Stimme rief er: „Ich bin völlig unschuldig, und zum Zeichen meiner Unschuld wird der Weg, den ich soeben gelaufen bin, grün bleiben für ewige Zeiten!"

Doch die Karbacher kannten kein Erbarmen. Hatte er sich nicht durch seine Flucht erst recht verdächtig gemacht und selbst den Beweis seiner Schuld geliefert? Der Henker legte ihm das Seil um den Hals, und einen Augenblick nur, da hing der vermeintliche Brandstifter am Querbalken.

Der Sommer kam übers Land, die Zeit der Ernte nahte, da verbreitete sich allgemeines Entsetzen. Deutlich erkannte man durch die Felder einen Streifen, der grün geblieben war. Rechts und links stand das Getreide in goldgelber Pracht. Nun erinnerte man sich der Worte des Gehängten und glaubte an seine Unschuld. Doch die Reue kam zu spät.

Jedenfalls haben die Karbacher keinen mehr gehängt. Der Galgen stand noch viele Jahre als Mahnmal für den unschuldig Hingerichteten. Heute noch zeigt man die Stelle, an der er einst gestanden hatte. Manche Leute glauben auch jetzt noch, den grünen Streifen kurz vor der Ernte in den Feldern zu erkennen.

Die Hexe am Dieblicher Blocksberg

Es war im 15. und 16. Jahrhundert, als auch auf dem Hunsrück der Hexenwahn wütete. Man glaubte, daß vorwiegend Frauen, vom Teufel besessen, als Hexen Mensch und Vieh verzaubern, schwere Unwetter anziehen und die Frucht auf den Feldern verderben könnten.

In Dieblich lebte zu dieser Zeit die wohlhabende Witwe Marthe. Sie war bei allen Leuten im Dorf als fromme und rechtschaffene Frau sehr angesehen. Ihr besonderer Stolz war ein prächtiger Hof, aber ihr wertvollstes Gut war ihre bildschöne, kaum achtzehn Jahre alte Tochter Lisbeth.

Auf einem nahegelegenen Hof lebte der Pächter des Ritters von Wiltburg, ein geiziger, habsüchtiger, häßlicher Geselle. Er hörte von der schönen Lisbeth und beschloß, um sie zu werben. Dabei ging es ihm weniger um das junge Mädchen; der Hof der Witwe Marthe lag ihm mehr am Herzen. Eines Tages erschien er in Dieblich bei Frau Marthe und hielt um die Hand der jungen Lisbeth an. Er war seiner Sache so sicher, daß er sogar Brautgeschenke mitbrachte.

Die Witwe Marthe hörte sich den alten Junggesellen zunächst gelassen an, dann aber wies sie ihn mit harten Worten ab. „Schert Euch zum Teufel! Meine Tochter ist nicht für Geld und Gut zu haben, sie kann sich einen jüngeren Mann suchen, den sie mag!“ Der verschmähte Freier ward äußerst erbost, zwang sich aber zur Ruhe und meinte: „Mich, den Oberaufseher der Güter des Herrn von Wiltburg, könnt Ihr nicht einfach zurückweisen.“ „Und wenn es der Herr von Wiltburg persönlich wäre“, kreischte die Alte erregt, „meine Tochter mag keinen alten häßlichen Mann! Jetzt macht, daß Ihr hier hinauskommt!" Unter Drohungen und Verwünschungen verließ der Pächter das Haus.

Er ritt aber nicht zu seinem Gut, sondern sofort nach Koblenz zum Richter und klagte die Frau als Hexe an. Der Richter glaubte bereitwillig dem Ankläger und schickte zwei Schergen nach Dieblich mit dem Auftrag, die Witwe zu verhaften und ins Gefängnis einzuliefern. Ganz Dieblich geriet in Aufruhr.

Wochenlang schmachtete die arme Frau hinter Kerkermauern. Schließlich wurde sie dem Richter vorgeführt. Überzeugend, so glaubte sie, beteuerte sie ihre Unschuld, führte einige Dieblicher Bürger als Zeugen an, die auch dem Richter bestätigten, daß Frau Marthe eine gute und fromme Frau sei. Doch der hartherzige Richter war nicht zu erweichen. Er ließ die Frau foltern, bis sie die entsetzlichen Schmerzen nicht mehr ertragen konnte und alles gestand, was die Folterknechte hören wollten. Nun war ihre Schuld erwiesen, so glaubte man, und verurteilte sie zum Feuertod.

Als Lisbeth von dem furchtbaren Urteil hörte, unternahm sie alles Menschenmögliche, um ihre Mutter zu retten. Sie lief sogar zum Oberaufseher, bot ihm ihre Hand an und wollte alles tun, wenn er die Anschuldigungen zurücknähme. Der Bösewicht wies sie höhnisch ab.

Einige Tage später läutete in aller Frühe von der Pfarrkirche in Dieblich das Armesünderglöcklein. Frau Marthe wurde, von einem Henker und seinem Knecht begleitet, auf einem Eselskarren auf den Dieblicher Blocksberg gefahren. Die Menschen strömten auf die Straßen und schlossen sich dem traurigen Zug an. Keiner wollte die Hexenverbrennung versäumen, obwohl ein jeder von der Unschuld der Frau überzeugt war.

Auf der Hinrichtungsstätte ergriffen die Schergen ihr Opfer, banden es und legten es auf einen großen Holzstoß. Bald züngelten von allen Seiten die Flammen. Die Neugierigen bekreuzigten sich und traten zurück, während die unschuldige Frau einen qualvollen Tod erlitt.

Ihre Tochter aber, die liebliche Lisbeth, um die der verhängnisvolle Streit entbrannt war, wollte den Tod der Mutter nicht überleben. Sie lief zur Mosel und stürzte sich ins Wasser.

Der rachsüchtige Pächter, der das entsetzliche Unglück über zwei unschuldige Menschen heraufbeschworen hatte, wollte den Tod der guten Frau Marthe miterleben. Mit hämischem Grinsen hatte er das Sterben seines unglücklichen Opfers genossen. Nun machte er sich auf den Heimweg. Unterwegs entlud sich ein schweres Gewitter. Es blitzte und donnerte. Ein greller Blitzstrahl traf den Verruchten, und seine fluchbeladene Seele fuhr zur Hölle.

In manchen Nächten, so sagt man, heult und kreischt der Pächter rund um den Dieblicher Blocksberg. Er findet keine Ruhe und kann auch nicht erlöst werden.

Der Zweikampf an der „Eisernen Hand“

Einst wurde Ritter Kuno für seine Treue und Tapferkeit in einer langen Fehde von seinem Herrn, dem Erzbischof von Trier, mit dem Schloß Stolzenfels belohnt. Doch die Stille und Ruhe der Burg gefiel dem Ritter nicht besonders. Viel lieber schweifte er mit seinem ehemaligen Kampfgenossen Robin von Kobern durch die wildreichen Wälder des Hunsrücks, pflegte das Waidwerk und genoß die besten Weine von Mosel und Rhein. Oft arteten diese Weinproben in ausgedehnte Gelage aus.

Kunos Gemahlin saß indessen einsam auf Schloß Stolzenfels und grübelte darüber nach, wie sie ihren Mann von den verhaßten Zechgelagen abbringen könnte. Da kam ihr eine rettende Idee: sie glaubte, ihm eine gründliche Lehre erteilen zu können.

Wieder einmal war Ritter Kuno den ganzen Tag unterwegs und kehrte zu mitternächtlicher Stunde mit „brummendem Schädel“ heim. Er achtete kaum des Weges und überließ sich völlig der Führung seines treuen Pferdes, das gemächlich dem heimischen Stall zustrebte.

Eben wollte es von der alten Hunsrückstraße in den Weg nach Stolzenfels einbiegen, als plötzlich ein Ritter in voller Rüstung mit geschlossenem Visier auf den nächtlichen Reiter zusprengte. Noch von dem vielen Wein stark benommen, glaubte Kuno an einen Spuk, doch als eine fremde Stimme ihn andonnerte, war er sofort hellwach. „Wehre dich, wenn dir dein Leben lieb ist!“ rief der Reiter ihm zu. Schon flogen die Schwerter, schon kreuzten sich die Klingen im fahlen Licht. Schlag folgte auf Schlag. Ritter Kuno, ohne Harnisch, mußte seine ganze

Kunst aufbieten, um sich der Hiebe und Stiche des Fremden zu erwehren. Doch bald schien dessen Kraft nachzulassen, die Schläge kamen langsamer und kraftloser. Da, eine Unvorsichtigkeit des Unbekannten! Ritter Kuno schlug zu, und die Schwerthand samt der Waffe des Angreifers fiel zu Boden. Ein Blutstrahl schoß aus dem Armstumpf, und der Getroffene sank ohnmächtig vom Pferd.

Mit einem Satz war Ritter Kuno bei ihm, denn er wollte helfen und wissen, wer so tapfer mit ihm gekämpft hatte. Doch als er jetzt das Visier des Fremden aufklappte, prallte er zurück. „Mein Gott", rief er, „wie ist das möglich?" Vor ihm lag mit bleichem Gesicht seine Frau, der er die rechte Hand abgeschlagen hatte.

Schnell zog er die schwere Rüstung aus, verband den Arm und hob die Frau vorsichtig auf das Pferd. Nach kurzem scharfem Ritt war er auf Schloß Stolzenfels und übergab seine Frau der ärztlichen Fürsorge. Liebevoll umsorgte er die Kranke, die nach Wochen wieder völlig gesund war.

Ritter Kuno ließ ihr eine „eiserne Hand" anfertigen. Der Platz aber, an dem der nächtliche Zweikampf stattgefunden, sollte für alle Zeiten an das traurige Erlebnis erinnern. Er stellte ein Steinkreuz auf und ließ zwei eiserne Hände einmeißeln. Die eine Hand zeigte nach Kobern, die andere zum Schloß Stolzenfels.

Von nun an war sein Platz an der Seite seiner Frau, die doch nur aus Liebe zu ihm gehandelt hatte. Ritter Kuno war endgültig von den tagelangen Ritten und den nächtlichen Gelagen geheilt.

Noch heute heißt die Stelle, an der die Frau mit ihrem Manne gekämpft hatte, die „Eiserne Hand".

Die „Schwarze Muttergottes“ von Windhausen

In Windhausen, einem Ort mit nur wenigen Häusern in der Pfarrei Herschwiesen, lebte einst der Hofmann Peter Becker. Um 1780 erkrankte er an einem bösartigen Geschwür, das den ganzen Körper zu befallen drohte. Alle Versuche, die Krankheit zu bekämpfen, waren erfolglos.

Schließlich unternahm er eine Wallfahrt zur „Schwarzen Muttergottes“ auf der Karthause bei Koblenz. Von ihr erhoffte er Heilung und Rettung. Er gelobte, falls er Erhörung finde, in Windhausen eine kleine Kapelle zu errichten und in ihr eine Marienstatue aufzustellen. Tatsächlich, Peter Becker kehrte geheilt zurück und baute zum Dank eine Kapelle aus Holz, in der er eine Madonnenstatue aufstellte.

Schon nach kurzer Zeit erzählte man unglaubliche Wunderdinge in Windhausen. So hatten einige Bewohner gesehen, wie eine welke Lilie in der Hand der Muttergottes neue Blüten trieb oder wie während einer Betstunde in der Kapelle die Marienstatue plötzlich von hellem Licht umstrahlt wurde. Auch von verschiedenen Krankenheilungen wurde berichtet. Ein Junge aus Boppard wurde von einer Lähmung befreit, ein Blinder erhielt sein Augenlicht wieder. Die Krücke eines geheilten Mädchens aus Ney wurde noch lange in der Kapelle aufbewahrt.

Die Kunde von solchen Wundern verbreitete sich wie ein Lauffeuer, und immer mehr Menschen strömten zur Muttergottes in Windhausen. Schließlich baute Peter Becker eine neue, größere Kapelle.

Doch dann kamen die Franzosen auf den Hunsrück. Der Wallfahrtsort Windhausen war ihnen ein

Dorn im Auge. Eine Kompanie Soldaten mit Pikkeln und Schaufeln wurde abkommandiert, um die Kapelle abzureißen. Der erste Soldat jedoch, der Hand an das Heiligtum legen wollte, wurde von dem abprallenden Pickel erschlagen. Entsetzen und Panik brachen bei den Franzosen aus, und niemand wagte es mehr, eine Hacke gegen das Heiligtum zu erheben.

Peter Becker hatte die Madonna bereits vor der Ankunft der Franzosen in einer hohlen Eiche im Wald bei Schloß Schöneck versteckt. In einer schlimmen Gewitternacht schlug ein Blitz in den Baum ein. Das Feuer schwärzte die Statue, beschädigte sie aber nicht.

Nach dem Abzug der Franzosen brachte Becker die Marienfigur wieder zurück in die Kapelle. Von nun an lebte die Wallfahrt zur „Schwarzen Muttergottes", wie sie fortan genannt wurde, stärker als je wieder auf.

Heute noch kommen viele Wallfahrer in Prozessionen und einzeln nach Windhausen, um Trost und Hilfe bei der Gottesmutter zu suchen.

In den Jahren 1984/85 wurde die Kapelle renoviert; seitdem erstrahlt sie in neuem Glanz.

Das Heilbrünnchen bei Schöneck

Nahe bei Schloß Schöneck führt eine felsenreiche Talschlucht hinab ins Ehrbachtal. Auf halbem Wege gewahrt der Wanderer an steiler Felsklippe im dunklen Wald eine spärliche Quelle, die von einer Bruchsteinmauer gefaßt ist. In dem Gemäuer ist ein Steinrelief zu erkennen, das die Bibelszene darstellt, wie Jesus einen Blinden heilt.

Es war vor vielen Jahren, als in stockfinsterer Nacht ein Mann in diesen abgelegenen Talgrund kam. Unter seinem weiten Mantel trug er ein großes Bündel, das er an der Stelle, an der heute die Quelle sprudelt, vorsichtig ablegte. Hastig begann er, ein Loch in die felsige Erde zu graben, um das Bündel zu verstecken. Plötzlich stieß er auf etwas Hartes. Was mochte das sein? Vorsichtig scharrte er mit den Händen die Erde beiseite, da fühlte er einen Gegenstand, der die Form eines Kreuzes hatte. Tatsächlich! Im Boden lag ein Kreuz! Sorgfältig barg er es. Als er es jedoch aus dem Erdreich hochhob, sprudelte an der Stelle eine kleine Quelle hervor. Starr vor Staunen stand der nächtliche Waldgänger vor dem wunderbaren Brünnlein. Das hatte er nicht erwartet.

Doch dann besann er sich seines eigentlichen Vorhabens. Suchend schaute er sich um, gewahrte in der Nähe eine altersschwere Eiche, die innen hohl zu sein schien. Hastig nahm er sein Bündel und verstaute es im Innern des Baumes. Zufrieden murmelte er: „So, nun ist die Muttergottes vor den Franzosen gerettet!"

Einige Zeit später braute sich ein schweres Gewitter über dem Ehrbachtal zusammen. In der Nacht entluden sich die geballten Naturgewalten mit ungeheurer Macht. Grelle Blitze zuckten durch den schmalen Talgrund, der Donner hallte und brach sich in den Berghängen des Tales. Plötzlich fuhr ein Feuerstrahl in die morsche Eiche, in der die Madonna versteckt war. Im Nu brannte der Baum lichterloh. Ein heftiger Regen verhinderte aber ein größeres Flammenmeer.

Kaum hatte sich das Unwetter gelegt, kam der Mann aus Windhausen — es war der Hofmann Peter Becker — eiligst in den Talgrund, um nach der Madonna zu sehen. Sie lag neben der verbrannten Eiche, unversehrt, jedoch vom Feuer geschwärzt. Liebevoll barg er sie und brachte sie zurück in die Kapelle von Windhausen, wo sie fortan die „Schwarze Muttergottes" genannt wurde.

Die Quelle im Tal fand bald regen Zulauf. Die Menschen kamen und schöpften das Wasser aus dem klaren Brünnlein, trugen es nach Hause und benutzten es als Heilwasser. Manches alte Mütterchen erfuhr so Linderung oder gar Heilung der schmerzenden Augen.

Die Quelle wurde später gefaßt, irgend jemand brachte das Relief an, und im Volksmund erhielt sie den Namen „Heilbrünnchen".

Die Schweden vor Schöneck

Im großen Krieg 1618 bis 1648 hatten auch die Bewohner des Hunsrücks schlimme Zeiten zu überstehen. Wilde Kriegsheere zogen mordend und sengend durch das Land, und wer sich ihnen entgegenstellte, wurde grausam niedergemetzelt.

Ein schwedischer Oberst zog damals mit seinen Truppen über den Hunsrück gegen die Burg Schöneck, hoch über dem Ehrbachtal. „Hier", so sagte er, „werde ich reiche Beute machen." Gegen Abend kamen die Schweden vor der Burg an. Im Schein der untergehenden Sonne schritt der Heerführer auf die vorspringende Bergkanzel oberhalb von Schöneck, reckte drohend die Faust der stolzen Burg entgegen und rief höhnisch: „Schöneck, du Butterweck, morgen hol ich dich zum Frühstück!"

Kaum lugte am nächsten Morgen die Sonne hinter den Hunsrückbergen hervor, bliesen die Schweden zum Angriff. Wild entschlossen rannten sie gegen Schöneck an, im Glauben, leichtes Spiel zu haben. Doch die Burg schien besser bewehrt, als sie dachten. Der erste Ansturm wurde schnell abgewehrt, auch weitere Angriffe waren erfolglos. Stundenlang tobte ein wildes Kampfgetümmel, die Verluste auf schwedischer Seite nahmen zu, die Burg blieb standhaft und uneinnehmbar. Schließlich gab der schwedische Oberst sein Vorhaben auf, die Verluste waren zu groß. Die Verteidiger hielten die Burg fest in der Hand. Enttäuscht ließ der Schwede zum Rückzug blasen.

Voller Wut über den vergeblichen Angriff stand er wieder auf der Bergkanzel, die seitdem im Volksmund „Schwedenschanze" genannt wird, blickte hinüber auf Burg Schöneck und rief in rasendem

Zorn: „Schöneck, du harter Stein, wir kehren mit Schimpf und Schande heim!“

Doch heim kamen sie nicht mehr. Als die Schönecker ihre Burg erfolgreich verteidigt hatten und die Feinde abgezogen waren, wagten sie einen Ausfall und stellten die Schweden zwischen Windhausen und Buchholz. Hier kam es zu der entscheidenden Schlacht, in der die Schweden vernichtend geschlagen wurden. In diesem Kampf wurden die feindlichen Truppen aufgerieben, und ihr Heerführer fiel durch einen gezielten Lanzenwurf. Sein Leichnam wurde an der Straße von Buchholz nach Brodenbach bestattet. Heute steht an dieser Stelle ein altes Wegekreuz.

In der berühmten „Eltzer Fehde" (1331 — 1336), als Kurfürst Balduin von Trier die Ritter des Vorderhunsrücks unterwarf, hatten sie noch gemeinsam gekämpft, Friedrich von Ehrenberg und Konrad von Schöneck. Doch die Freundschaft kühlte sich merklich ab, als Konrad von Schöneck mit dem Burggrafenamt der Trutzfeste Rauschenburg belehnt wurde und der Ehrenberger leer ausging.

Zu einem offenen Bruch der Freundschaft kam es jedoch, als der Schönecker Lehensmann Caspar von Oppenhausen die Jungfrau Margitta vom Ehrenbergischen Stavenhof heiraten wollte. Nach damaligem Recht mußte der Herr von Ehrenberg der Heirat zustimmen und Margitta förmlich aus der Leibeigenschaft entlassen. Der Ehrenberger jedoch gab die Leibeigene nicht frei, als er hörte, daß sie einen Schönecker Untertanen heiraten wollte. Margitta bat Friedrich von Ehrenberg kniefällig um die Freigabe, doch der Herr blieb hart.

Wenige Tage danach erschien ihr Vater auf der Ehrenburg und klagte dem Ritter sein Leid: „Meine Tochter ist verschwunden, Herr! Ich glaube, ihr Liebhaber hat sie nach Oppenhausen verschleppt." Wütend schickte der Ritter einen Boten zur Burg Schöneck mit der Forderung, seine Untertane sofort freizulassen. Doch der Schönecker ließ ausrichten, er wisse von nichts.

Einige Zeit später veranstaltete der Herr von Ehrenberg eine große Jagd in seinen ausgedehnten Wäldern. Alle Ritter der Umgebung, die Herren von Thurant, von Eltz, Waldeck und Bischofsstein waren geladen und nahmen daran teil. Nur der Schönecker wurde ausgeschlossen.

Die Jagd nahm ihren Lauf. Friedrich von Ehrenberg erblickte plötzlich einen kapitalen Hirsch, wie er noch keinen gesehen hatte. Das Jagdfieber ergriff ihn, und auf seinem Rappen verfolgte er das Tier bis in die entlegenen Schluchten der Ehrbachklamm. Seine Begleitung hatte er längst verloren, nur dem Hirsch galt sein Interesse. Die Gefahren, in die er sich begab, nahm er nicht wahr.

Plötzlich stand er am Rande einer engen Schlucht. Ängstlich schnaubend blieb das Pferd stehen. Erbarmungslos aber gab der Ehrenberger ihm die Sporen und feuerte es mit lautem Zuruf an. Verzweifelt wieherte das Pferd, wagte dann doch den Sprung über die Schlucht, aber das Geröll gab unter seinen Hufen nach. Der Sprung geriet zu kurz, Roß und Reiter stürzten in die Tiefe.

Als Friedrich aus seiner Bewußtlosigkeit erwachte, lag er zerschunden in einer kleinen Felsenhöhle. Ein spärliches Feuer warf bizarre Schatten durch den Raum. Vor der Feuerstelle hockte eine Gestalt, eingehüllt in ein weites Gewand, den Blick auf ihn gerichtet. Als sie bemerkte, daß er wach war, kam sie auf ihn zu und flößte ihm eine heiße Brühe ein.

„Wo bin ich? Wer bist du?“ stieß der Ritter hervor. Doch die junge Frau antwortete nicht, stumm ging sie zurück und hantierte am Feuer. Später setzte sie ihm einen Holzteller mit einer spärlichen Mahlzeit vor. Der Feuerschein fiel ihr ins Gesicht. Tatsächlich! Sie ist es, dämmerte es ihm. „Du bist Margitta vom Stavenhof“, sagte er, „wie komme ich hierher?“ Die Frau brach in Tränen aus und verließ eilig die Höhle.

Wirre Gedanken schossen ihm durch den Kopf, bis tiefe Scham sein Herz erfüllte. „Warum hast du mich gerettet und pflegst mich, der ich dir doch soviel Leid zugefügt habe?“ „Das ist Christenpflicht“, entgegnete sie kurz. Auf sein Drängen erzählte sie weiter: „Caspar hat mich in dieser Höhle versteckt, er brachte mir täglich Speise und Trank. Ich wollte hier bleiben, bis Ihr, mein Herr, in meine Heirat einwilligen würdet. Gestern hörte ich dann den furchtbaren Todesschrei eines Pferdes. Ich lief hin und fand Euch in der Schlucht. Das Pferd ist verendet, Ihr habt nur ein paar Knochenbrüche. Allein konnte ich Euch nicht bergen, deshalb wartete ich, bis Caspar kam. Gemeinsam haben wir Euch in diese Höhle gebracht. Caspar ist mittlerweile zur Ehrenburg gelaufen, um weitere Hilfe zu holen. Jetzt haltet Euch aber ruhig, Ihr habt sicher große Schmerzen.“

Der streitbare Ritter Friedrich von Ehrenberg war erschüttert. Nachdenklich lag er in der Höhle. Noch am gleichen Tag holten Helfer aus der Ehrenburg den verletzten Ritter heim. Margitta mußte ihn begleiten und weiter pflegen.

Nach kurzer Zeit war Ritter Friedrich wieder gesund. Er richtete auf seiner Burg persönlich eine großartige Hochzeitsfeier für Margitta und Caspar aus. Auch Konrad von Schöneck wurde geladen, und die alte Freundschaft zwischen den beiden Kampfgefährten von einst erblühte von neuem.

Die Höhle bei Oppenhausen, in der Margitta sich versteckte und den verletzten Ritter pflegte, hieß im Volksmund zunächst „Frauenburg“. Bis in unsere Tage ist sie in verstümmelter Form als „Faburg“ bekannt.

Sagenhaftes um den Schinderhannes

Der Schinderhannes

Johannes Bückler, Räuberhauptmann zur Franzosenzeit um 1800, durchstreifte damals die Täler und Höhen des Hunsrücks, bis er 1803 hingerichtet wurde. Im Volk galt er als ein gutmütiger Geselle, der den Reichen das Geld abnahm und den Armen half. Für viele einfache Leute war er ein richtiger Volksheld. Im gesamten Hunsrückraum ist er heute noch als „Schinderhannes" ein fester Begriff, und in vielen Dörfern, die er einst mit seiner Anwesenheit beehrt hatte, hält man sein Andenken aufrecht. Es gibt „Schinderhannestürme", Gasthäuser, Hotels und Wanderwege, die seinen Namen tragen und viele Bücher, die sein Leben und seine Taten lebendig halten. Zahlreiche Sagen ranken sich um diesen Mann.

Der schalkhafte Räuber

In Kreuznach war Viehmarkt. Aus allen Richtungen kamen die Händler und Bauern mit gefüllten Geldbörsen, um Geschäfte zu machen. Der Schinderhannes wollte sich an diesen Geschäften beteiligen.

Also legte er sich mit seinen Gesellen auf die Lauer. Er brauchte nicht lange zu warten, bis eine Schar Händler kam, im munteren Gespräch über zwielichtige Geschäfte, die sie abgewickelt hatten. Plötzlich schob Schinderhannes den Lauf seiner Flinte hinter einem Felsen vor und donnerte den Erschrockenen ein mächtiges „Halt" entgegen. Wie angewurzelt blieben sie stehen. „Der Schinderhannes!" rief schließlich einer, der sich vom ersten Schrecken erholt hatte. Die ganze Gesellschaft wollte kehrtmachen und Reißaus nehmen. Aber als die Handelsleute sich umdrehten, blickten sie in schwarz verschmierte Gesichter und drohende Gewehrmündungen. Sie waren umzingelt, eine Flucht war unmöglich, und so ergaben sie sich zeternd und jammernd in ihr ungewisses Schicksal.

Schinderhannes kam mit vorgehaltener Flinte gemächlich vom Felsen herab und trat vor die Händler. „Die Geldbörsen her!" fuhr er sie an. Stumm reichten sie ihre Geldkatzen her. Einige hatten vorsorglich einen Teil ihres Geldes am Körper versteckt oder in die Kleider genäht, doch Schinderhannes kannte diese Tricks und ließ einen jeden gründlich visitieren. Schließlich hatte keiner der Geprellten auch nur so viel Geld, daß er sich auf dem Markt ein Ziegenfellchen hätte kaufen können.

Nun befahl der Räuberhauptmann barsch: „Schuhe ausziehen und auf einen Haufen werfen!" Verdutzt sahen die Händler sich an. Was sollte denn das

bedeuten? Aber ein Blick auf den Schinderhannes verriet ihnen, daß er es ernst meinte. Als alle ihre Schuhe hingelegt hatten, wühlte der Schalk die Paare so durcheinander, daß nicht ein einziges zusammenblieb. Dann zog der Schinderhannes seine Uhr heraus, blickte drauf und rief: „Anziehen! Wer in fünf Minuten seine Schuhe nicht anhat, der wird erschossen.“ Wie die Raubkatzen stürzten sie sich auf die Schuhe. Jeder wollte die besten herausfischen, jeder wollte aber auch schnell hier wegkommen. Ein wüstes Handgemenge entstand, sie schlugen sich die Köpfe blutig, zausten sich gegenseitig an den Haaren und rissen sich die Kleider vom Leibe.

Die fünf Minuten waren lange vorbei, als der letzte ein Paar Schuhe zusammengerafft hatte. Der Schinderhannes und seine Bande waren inzwischen verschwunden. Auf dem Markt zu Kreuznach erzählte man von nichts anderem als von diesem schalkhaften Streich des Schinderhannes.

Der Schinderhannes und die alte Frau

In einem Hunsrückdorf fand einst ein großer Jahrmarkt statt. Aus allen Orten ringsum kamen die Leute herbei, um das eine oder andere einzukaufen oder die „Freindschaft“ zu treffen. Ein Jahrmarkt war immer ein besonderes Erlebnis.

Auch der Schinderhannes wollte ihn besuchen. Auf halbem Wege begegnete er einer alten Bauersfrau, mit der er schnell ins Gespräch kam. Die gute Frau kannte ihren Begleiter nicht und erzählte ihm offenherzig, was sie bedrückte.

„Ich muß auf dem Jahrmarkt eine Kuh kaufen, und zwar recht billig. Wir hatten Unglück im Stall, das Vieh ist eingegangen, und ich habe nur zehn Kronentaler, um ein neues Stück Vieh zu erstehen“, jammerte die alte Frau. Der Schinderhannes griff in die Tasche und gab ihr zehn Taler: „Liebe Frau, hier, nehmt das Geld und kauft Euch die beste Kuh, die Ihr auf dem Markt finden könnt. Aber laßt Euch eine Quittung von dem Händler ausstellen, die Ihr mir geben müßt.“

Die Frau war völlig überrascht und lehnte es zunächst ab, von einem Fremden Geld anzunehmen. Doch Schinderhannes versicherte ihr, daß alles mit rechten Dingen zugehe und verabschiedete sich.

Am Mittag traf der Schinderhannes die Bäuerin, die eine prachtvolle Kuh für ihr Geld gehandelt hatte. Etwas verunsichert reichte sie ihm auch die Quittung, bedankte sich herzlich und zog mit ihrer Kuh nach Hause.

Der Schinderhannes lauerte am Abend dem Viehhändler auf und sprach ihn an: „He, du Halsabschneider, ich bekomme noch zwanzig Kronentaler von dir!“ und hielt ihm die Quittung unter die Nase.

Der Händler wußte sofort, wen er vor sich hatte, weigerte sich nicht im geringsten, löste die Quittung ein und war froh, mit heiler Haut davongekommen zu sein.

Der freundliche Begleiter

Auf einem Streifzug durch den Hochwald begegnete der Schinderhannes einmal einem Mädchen, das bitterlich weinte. Der Räuber ging auf das Mädchen zu und fragte freundlich und teilnahmsvoll: „Was hast du, mein Kind? Kann ich dir vielleicht helfen?"

Das Mädchen faßte Vertrauen zu dem Jägersmann — es hielt ihn tatsächlich für einen Jäger — und klagte ihm offen: „Schau, hier in diesem Korb habe ich meine ganze Aussteuer, über dreihundert Gulden. Ich bin unterwegs zu meinem Bräutigam, der ist ein armer Teufel. Er will mit diesem Geld ein Geschäft gründen, wenn wir verheiratet sind. Nun habe ich Angst, daß ich überfallen werde. Ich habe gehört, der Schinderhannes treibe in der Nähe sein Unwesen. Wenn der mir begegnet, nimmt er mir bestimmt das Geld ab, und ich kann nicht heiraten."

Der Schinderhannes nahm den Korb und sagte ganz ruhig: „Ich werde dich begleiten, mein Kind. Wenn ich bei dir bin, tut der Schinderhannes dir nichts!" Da lachte das Mädchen wieder und freute sich über den freundlichen Begleiter. Munter plauderten sie, lachten und scherzten, bis sie aus dem gefährlichen Wald herauskamen und die ersten Häuser wieder sahen.

„So, hier nimm wieder deinen Korb und geh ruhig deines Weges, es wird dir nichts geschehen. Wenn dich jemand fragt, ob du schon mal den Schinderhannes gesehen hast, dann sage, er hätte dir sogar dein ganzes Vermögen durch den Wald getragen", sagte verschmitzt der vermeintliche Jägersmann und verschwand, bevor das Mädchen sich noch recht von dem Schreck erholt hatte.

Der Schinderhannes in Muhl

Längere Zeit hielt der Schinderhannes sich in Muhl bei der Witwe Düpre auf. Das abgelegene Barakkendorf inmitten der Wälder, bei Köhlern und Holzhauern, bei Leuten, die nicht viel sahen und nicht viel fragten, war für den damals 19jährigen ein sicheres Versteck. Die Witwe Düpre betrieb eine Schankwirtschaft, hatte zwei ältere Söhne und drei jüngere Töchter und nahm den Schinderhannes, ohne viel zu fragen, auf. Von hier aus unternahm er kleinere oder größere Raubzüge und kehrte anschließend wieder für einige Zeit nach Muhl zurück.

Nach einem Einbruch in der Tuchfabrik Stumm in Birkenfeld, wo er einen ansehnlichen Ballen Tuch gestohlen hatte, kamen die Gendarmen ihm auf die Spur. Der Amtsbote Treue, der Gerichtsschöffe Heilmann und Bernhard Platte wurden ausgeschickt, den Schinderhannes in Muhl festzunehmen.

Als die drei Männer in Muhl bei der Witwe Düpre ankamen, erfuhren sie, daß der Schinderhannes bei Kaspar Weber in Züsch sei. Also zogen die drei weiter. Morgens in der Frühe kamen sie bei Kaspar Weber an.

„Heh, ist der Schinderhannes bei dir?“ fragte der Amtsbote. „Nein, hier ist der Hannes nicht! Ich habe nichts mit ihm zu tun. Solches Gesindel kommt mir nicht ins Haus!“ In diesem Augenblick aber kam der Schinderhannes die enge Stiege herunter und wollte sich gerade in einer kleinen Kammer verstecken. Aber es war zu spät. Die drei Amtspersonen nahmen ihn fest.

„Also gut“, meinte der Schinderhannes, „bringt mich aber zuerst nach Muhl, damit ich mir noch ein frisches Hemd, eine Hose und etwas Geld einstekken kann, das ich in meiner Kammer bei der Witwe Düpre habe." Ahnungslos gingen die drei auf diese Bitte ein.

In Muhl betraten sie die Stube in dem Düpreschen Haus. Die Witwe zeigte sich sehr freundlich, lud die Herren ein, am Tisch Platz zu nehmen, und stellte drei Gläser und die Branntweinflasche hin. „Bedient euch! Laßt es euch schmecken!" sagte die Frau und verschwand mit dem Schinderhannes in einer Kammer.

Die Männer ließen sich nicht zweimal auffordern und sprachen kräftig dem Schnaps zu, während der Bursche, so glaubten sie, seine Kleider und etwas Geld zusammenraffte. Doch nach dem dritten oder vierten Schnaps sprang der Amtsbote auf und rief zur Nebenkammer hin: „He, Bursche, jetzt wird es aber Zeit! Wir wollen weiter!" — Stille! Da wurden die drei Amtspersonen lebendig. Sie stürzten in die Kammer und blieben erstarrt stehen. Der Raum war leer, das Fenster offen, der Hannes war verschwunden.

Verblüfft starrten die drei sich an. Dann kam Leben in sie, sie durchsuchten das ganze Haus, fanden aber nichts. Sie eilten vor die Tür zu den Pferden, um die Verfolgung aufzunehmen. Der Schinderhannes konnte nur hinter dem Haus in den Wald entkommen sein, also ihm nach. Doch eines der Pferde fehlte, bei den anderen waren die Gurte durchschnitten.

Da standen sie, die Vertreter der Behörde, hilflos, und konnten nur ahnen, wohin der Schinderhannes geflohen war. Was sollten sie ihren Vorgesetzten erzählen? Jedenfalls haben sie ihn gesehen, den Schinderhannes. Vielleicht werden sie ihn ein andermal fangen.

QUELLENVERZEICHNIS

Am Sagenbaum sich Blatt und Blüte regt. Beltz Bogenlesebuch, herausgegeben von Dr. Ernst Weber, 1938

Andres, Stefan, Der Knabe im Brunnen. Serie Piper, Neuauflage 1986, S. 145—146; Abdruck mit freundlicher Genehmigung des R. Piper Verlages, München

Antz, August, Rheinlandsagen. Georg Fischer Verlag, Wittlich 1950

Bernard, Hermann, Eine Sammlung von Rheinsagen. Mainz 1861

„De Stölpekullener", herausgegeben von Pater Engelbert Michels, 1926

D'Ester, Karl, Rheinsagen. Union Deutsche Verlagsgesellschaft, Stuttgart 1956

Festschrift „60 Jahre Hochsteinchenturm" Rheinböllen 1953, Pfr. Christmann, Ellern

Geisen, Werner, Sagen und Geschichten unserer Heimat, 1961, Amt Blankenrath

Haller und Züscher, Trierische Geschichte, Bd. 2

Heimatkalender Birkenfeld, 1965—1975

Heimatgeschichtlicher Arbeitskreis Koblenzer Lehrer, Aus vergangenen Tagen, Heft 3, o. J., Heft 4, 1957

Hessel, Karl, Sagen und Geschichten des Moselthals. Bad Kreuznach 1896

Hessel, Karl, Sagen und Geschichten des Nahethals. Bad Kreuznach 1894

Hessel, Maria, Rheingold. Rheinisches Sagenbuch für rheinische Kinder. M. Du Mont-Schaubergsche Buchhandlung, Köln 1925

Hopstätter, Helmut, Wo die Wälder rauschen. Verlag Heinr. Walter, Kirchberg 1938

Hunsrückkalender, herausgegeben vom Kreis Simmern in Gemeinschaft mit dem Hunsrückverein, 1955

Keller, August, Zwischen den Wäldern. Trier 1955

Kirner Zeitung, Oktober 1937, Beilage 10—17, N. N.

Koblenzer Zeitung 1926, Albert Christ, Johann Valerius, N. N.

Kraemer, Robert, Am Sagenborn der Heimat, Heft 1. Verlag von P. Sesterhenn, Kreuznach 1955

Lohmeyer, Karl, Sagen des Saarbrücker und Birkenfelder Landes. Verlagsanstalt Gebrüder Hofer, Saarbrücken, Berlin, Leipzig, Stuttgart 1920

Lohmeyer, Karl, Die Sagen von der Saar, Blies, Nahe, vom Hunsrück, Soon- und Hochwald. Druck und Verlag Gebr. Hofer AG, Saarbrücken 1935

Martini/Leinenweber, Greimerath, ein Hochwalddorf und seine Geschichte, 1981

Menk, F., Des Moselthals Sagen, Legenden und Geschichten. Koblenz 1840

Mosella, Beilage des Trierischen Volksfreundes, 1954, Nr. 8, N. N.; 18. Jahrg., November 1970, Nr. 11, Willi Steffens

Ohlmann, M., Am heimatlichen Sagenborn. Fr. Fiedler Verlag, Bad Kreuznach 1952

Privatsammlungen: Schmieden, Josef, Bundenbach; Stoffel, Werner, Oppenhausen; Koltes, Hans-Josef, Neuhütten; Breuer, Werner, Manuskripte von Anna Breuer, Buch

Reumont, Alfred, Rheinland-Sagen, Geschichten und Legenden. Köln und Aachen 1837

Saarbrücker Zeitung, Beilage 1934, N. N., 1938, R. Wachsmuth

Schell, Otto, Sagen des Rheinlandes. Verlag Hermann Eichblatt, Leipzig-Gohlis 1922

Scherer, Michael, Sagen und Sitten an Mosel und Saar. Verlag Matthias Nau, Konz 1959

Schneegans, W., Abt Trithemius und Kloster Sponheim. Bad Kreuznach 1882

Schulchroniken: Gräfendhron; Lorscheid, K. H. Knobloch; Thiergarten

Theis, Ottilie, in: Unter dem Schieferdach, Autorengruppe Hunsrück. Pandion-Verlag, Bad Kreuznach 1983

Thielen, Nikolaus, Longkamp, in: Ortschronik von Monzelfeld

Weber, Alois, Schillingen, Trierer Volkstum und Heimat 1937, Folge 7

Wirtgen, Philipp, Aus dem Hochwald. Bad Kreuznach 1865

Zaunert, Paul, Rheinland-Sagen, Bd. 1 und 2. Verlag Eugen Diederichs, Jena 1924

Nach dem Volksmund: Biewer, Anna, Rascheid; Wirtz, Peter, Horath; Schemer, Josef, Piesport

Hier sind die Sagen, Legenden, Geschichten beheimatet

Abentheuer:	Der Tirolerstein
Abtei:	Die „Perdsjongen“
Alken:	Burg Thurant
Balduinseck:	Das verwunschene Fräulein von Balduinseck; Die Teufelswiege auf Balduinseck; Schatzgräber auf Balduinseck
Beilstein:	Der Esel und der Kurfürst
Bernkastel:	Der kostbarste Edelstein
Berschweiler:	Das Harzer Männchen
Beulich:	Das Griesmännchen
Beuren/Hw.:	Die Prosterather Wacken
Blankenrath:	Der goldene Wagen im Tonhügel
Börfink:	Die verwunschene Prinzesssin
Bruchweiler:	Das Graue Kreuz
Buch:	Die Eidechsenprinzessin
Bundenbach:	Das Bildchen; Wie der Teufelsfels auf den Lützelsoon kam
Burg Baldenau:	Der verhexte Rosenkranz
Burg Sooneck:	Der blinde Schütze von Sooneck
Chumbd:	Die Jungfrau vom Kloster Chumbd
Dhronecken:	Hagen von Tronje
Dhrontal:	Die verfluchte Mühle
Dieblich:	Die Hexe am Dieblicher Blocksberg
Ehrenburg:	Walter von Ehrenburg
Fell:	Ein ungleicher Zweikampf
Geisfeld:	Der falsche Schwur; Ein Geisfelder beim Hexentanz

Greimerath: Der geizige Römer

Grimburg: Der Postillion des Kurfürsten; Der schwarze Ritter; Sagenhaftes von der Grimburg

Haag: Das Struthmännchen

Heinzerath: Die Schatzhebung

Herl: Goldfeuerchen

Hermeskeil: Der falsche Schwur; Der Schatz von Tiefenthal; Die „Perdsjongen“

Hesweiler: Das Sehlseifskälbchen

Hinzerath: Das Graue Kreuz; Der wilde Harto von Sommerburg

Horath: Der Raubritter vom Harpelstein

Hunolstein: Die Walholzkirche

Idar-Oberstein: Erbauung der Felsenkirche

Karbach: Der grüne Streifen; Die versunkene Glocke bei Karbach

Kell: Die silberne Glocke im Braunen Bruch

Kreuznach: Der schalkhafte Räuber

Liesenfeld: Der „Jäer Kloos“

Lorscheid: Ein ungleicher Zweikampf; Die Raubritter auf dem Burgkopf; Schatzgräber auf dem Burgkopf

Lützelsoon: Die zwei Riesen vom Lützelsoon; Wie der Teufelsfels auf den Lützelsoon kam

Malborn: Der erlöste Geist; Der Förster und der Teufel; Der Schatz von Tiefenthal; Huths-Schluck

Engelport: Die Gründung des Klosters Engelport; Die weiße Rose

Mermuth: Das Griesmännchen

	eck; Die Schweden vor Schöneck
Schmidtburg:	Die Katze im Stiefel
Siesbach:	Der unehrliche Wirt
Simmern:	Das „Boorsticksmännche“ von Simmern
Sosberg:	Der goldene Wagen im Tonhügel
Sponheim:	Der Raub der Monstranz von Sponheim; Die Gründung von Sponheim
Sprendlingen:	Michel Mort
St. Wendel:	Sankt Wendelinus
Starkenburg:	Bauerntreue; Gräfin Loretta
Strimmig:	Das Binsfeld
Stromberg:	Der Hundsfels bei Stromberg
Stromberg:	Die Kapelle von Stromberg; Die Zwerge am Guldenbach; Wie die Herren von Stromberg den Namen Faust erhielten
Thalfang:	Das Haar der heiligen Hildegard
Thiergarten:	Die „Perdsjongen“; Sankt Niklas und der Dieb; Die Osterglocken von Wüstenbrühl
Tholey:	Sankt Wendelinus
Thranenweier:	Die verwandelten Kohlen
Treis:	Der Riese von Treis
Veldenz:	Die treue Braut
Dagstuhl:	Die weiße Frau von Dagstuhl
Weiperath:	Die Walholzkirche
Wildburg:	Der Geist auf der Wildburg
Windhausen:	Die „Schwarze Muttergottes“ von Windhausen

N
RHENUS
MOSELLA
NAVA
SARAVUS
Neumagen
Heinzerath
Merscheid
Haag
TRIER
Fell
Ruwer
A 1
Thalfang
Morbac
Reinsfeld
Schillingen
Malborn
Kell
Thiergarten
HOCH
Hermeskeil
Grimburg
Saar
Dagstuhl
A 62
Prims